学习的格局

培养孩子自主学习力的46个细节

冯卓 ◎ 著

$\sqrt{74}$

$\varepsilon = mc^2$

文匯出版社

图书在版编目 (CIP) 数据

学习的格局 / 冯卓著. — 上海：文汇出版社，
2021.7
ISBN 978-7-5496-3488-0

Ⅰ. ①学… Ⅱ. ①冯… Ⅲ. ①家庭教育 Ⅳ. ① G78

中国版本图书馆 CIP 数据核字 (2021) 第 049654 号

学习的格局

著　　者	/	冯　卓
责任编辑	/	戴　铮
装帧设计	/	天之赋工作室

出版发行 / **文匯**出版社
上海市威海路 755 号
（邮政编码：200041）

经　　销	/	全国新华书店
印　　制	/	三河市龙林印务有限公司
版　　次	/	2021 年 7 月第 1 版
印　　次	/	2021 年 7 月第 1 次印刷
开　　本	/	880×1230　1/32
字　　数	/	119 千字
印　　张	/	7
书　　号	/	ISBN 978-7-5496-3488-0
定　　价	/	38.80 元

序：有一种痛叫辅导作业

　　现在，大多数80后、90后已经成为娃爸、娃妈，由此，他们的孩子在学习这件事上太不让人省心了。想让孩子学得好、自己辅导又不累，确实是每位母亲的夙愿。之所以选择这个题材来写，也是我辅导孩子作业的过程记录及由此产生的思考。

　　关于辅导作业，网上让人笑中有泪的段子层出不穷，相信很多父母也有话要说，这也几乎是每位妈妈的"第二职业"。面对妈妈辅导作业时的怒火，很多"佛系"爸爸表示不理解，甚至以一副老干部的模样劝导妈妈："孩子这么小，你要对他有耐心和信心……"

　　可是，爸爸偶尔要辅导孩子写作业，又是怎样一种画风呢？平时劝我们要理性的爸爸们，在辅导孩子写作业的过程中，心态也可能瞬间崩溃！

　　天苍苍，野茫茫，陪娃学习心惆怅；好好写，记心上，无数嘱咐在耳旁；这边背，那边忘，根本不往脑里装；心发狂，剑弩张，真想给他两巴掌。

在这场没有硝烟的战争里，孩子和妈妈成为主要参战方，爸爸不想惹火上身，选择隔岸观火，偶尔劝个架。作为辅导主力的妈妈就像黑猫警长，时刻关注孩子的举动，一旦孩子溜号、走神，她总是满脸怒气地说："就知道玩儿，一点儿都不自觉，赶快写，写不完就别吃零食……"

从作业的监督到检查，从过程的辅导到签字，要是赶上自家娃娃写作业磨磨蹭蹭，或者怎么教也不会，便会发出"老娘宁可复读十年，也不要陪娃写作业"的哀号。

30多年没有经历过的挫败感，好比瓢泼大雨，一下子把陪读的妈妈浇得都快得抑郁症了。不少父母反映，辅导孩子作业已经严重降低了他们生活的幸福感，若是控制不好情绪，就会让自己与下一代亲密的小船说翻就翻。

辅导作业，本就是一件很难的事，对任何人都一样。如果很轻松的话，一定是别人家的孩子。比如，白娘子和许仙的孩子不用辅导，直接变成状元郎。

看似监督、检查作业是一件小事，但往往家长知道这题怎么做，说出来的话就是让孩子听不懂。多数家庭是妈妈在孤军奋战，结果是越教越累、越讲越来气，暴脾气一触即发。可以说，平时连大声说话都不会的窈窕淑女，遇到熊孩子写作业，一秒练就穿魂魔音。最后，孩子一哭，家长只能以辅导失败告终，并持续这样的恶性循环。

相关研究证明，目前我国已有八成以上的父母患"恐辅症"，它与"路怒症"一道，成为现代中年人的两大症状。甚至不少网友纷纷献上自己的光荣事迹，如因陪孩子写作业被送急诊……

辅导孩子作业是有技巧的，急躁、大声吼叫不仅伤害了亲子关系，还会伤害夫妻感情。毕竟，一想到基因问题，就会甩锅给对方：为啥自家娃娃看上去是个有脑子的人，每天却带个空壳在学习？难道真的是智商随了对方吗？

《正面管教》作者简·尼尔森说过："教育孩子时，如果您觉得太累了，那一定是什么地方做错了。"孩子的自控力就像人的肌肉，需要不断锻炼才能养成。

也许此书所提供的辅导方法不一定适合每位妈妈，但它确实是一位妈妈经过与家里小神兽的朝夕相处，分享其成长过程的真实经验，从而总结出的辅导作业最实用的方法和窍门——说不定，它真的能帮大家渡劫呢！

目　录
Contents

/第二章/ 成长关键词：方法

掌握方法，才是孩子最好的老师

/第三章/ 成长关键词：思考

别抱怨了，孩子的思考能力可以培养出来

/第四章/　成长关键词：粗心

粗心，是一种能力的缺失

/第五章/　成长关键词：用心

学习上，做孩子最靠谱的盟友

/第一章/ 成长关键词：习惯

要想作业辅导好，优秀习惯少不了

第 1 节
到底要不要陪孩子写作业

从古至今，想要孩子成才，良好的家庭教育占据首位，这是毋庸置疑的，即古有"孟母三迁"，今有辅导作业。

上网查询，学生的家庭作业，是一个叫罗伯特·纳维利斯的意大利老师于 1905 年发明的，最初是一种惩罚学生的手段。三十年河东，三十年河西，如今，它却变成一种"惩罚"家长的手段。

特别是近几年，随着时代变化和教育变革，越来越多的家长开始参与到孩子的学习中来，辅导作业俨然成为家庭一景，哭喊咆哮不时响彻整个小区。

每个陪孩子写作业的父母，都是下凡渡劫的上仙，包括我自己。女儿没上小学前，自己真的没觉得辅导作业会是一道"送命题"，毕竟每个正在受虐的母亲都清楚记得，小时候的自己谁不是生活在放养的自由里，然后看着童年慢慢地在指尖悄然流逝。

80 后的童年，有充足的时间在广阔的空间四处游荡，像野生动物一样自然而然地顺势成长，可以放学后扔下书包，一个猛子扎到家门口，跟着邻里一众孩子弹玻璃球、丢沙包、跳皮筋，脑海里很少能回想起深更半夜、家长鸡飞狗跳辅导作业的崩溃场景。

孩子的家庭作业自己写，老师布置的手工任务，三五孩童聚在一起分分钟搞定。家境优越的，有独立的学习空间；条件一般的，很多时候是直接搬张小板凳，一屁股坐在门槛上，板凳就是最便携的书桌。农村的孩子，还可能一边写作业一边干农活，家里的小猫小狗就是最好的伙伴。

个人觉得，80 后家长作为"时代宠儿"，教育孩子时不应总是怀旧，沉浸在过去，把思想停留在自己做学生党的那个年代。换句话说，80 后的"放养年代"有着双重意味，既跟着父母在集体制的工厂里过着物质贫乏却精神富足的快乐生活，又逢当时中国的市场经济刚起步，对知识改变命运的认识还较为模糊。

所以说，不是父母不想陪，而是多数人没有很高的文化认知水平，根本没有能力辅导孩子。

现在的家长，却因辅导作业轻则喊破喉咙、爆粗口，重则心脏搭桥、患脑梗。当然，也有很多人中龙凤的家长在陪孩子写作业时，顺便自学考下各种资格证。有些让人忍俊不禁，有些让人笑中带泪，道尽众多家长的无奈。对此，一个来自灵魂深处的问题抛了出来，家长到底该不该辅导孩子写作业呢？

就相同的问题，我问过身边很多低年级学生的家长，得到的回答是："老师要求孩子的作业不能有错，写完家长要检查签字，所以……"

记得一年级时，女儿兜妹唯一一次因家庭作业完成得不好而被批评，那几日我因忙着写作而无暇顾及她的学习。

"哼！老师今天说了，家庭作业有错的学生都是家长不辅导造成的。"兜妹想起上午被老师点名批评，就噘着嘴，一脸大写的委屈。

听了这番话，我只能惭愧一笑。

虽然我没有采访更多的家长，但身边跟我孩子同龄的学生妈妈，每天都在认真地辅导孩子做作业。如果家长不盯着，除非孩子作业全做对，否则第二天，老师就会在班级群里点名××同学的作业不合格，家长没有签名检查。

我还听校长讲过学校里的一个典型妈妈，整天打扮得花枝招展，每天跑跑微商、做个按摩、喝喝下午茶。用她的话说："我干啥子都有空，就是没空管孩子，也不会辅导，每天都是她边写作业边等我回家。"去年高考后，这个孩子给母校发回喜报，文理各科都十分优秀，最终进入理想的大学。

先不说辅导作业到底对不对，年龄偏小的孩子，家长给予辅导和陪伴是很有必要的，因为这个时期的孩子可塑性最强，需要形成良好的学习习惯。但要注意的是，家长不是监工，不能一动不动地盯着孩子写作业，也不能字写得不好就让他马上擦掉，看到作业出错就立马指出来，甚至一边指导修改，一边指责抱怨："你能看清楚题目再下笔吗？""这道题讲了这么多次，你的脑子坏了吗？"……这样的陪写方式，不仅对孩子的学习毫无益处，还会带来诸多弊端。

学习是一种思维过程，家长在陪伴孩子时如果不时打断他的思考，就会使他每次都要重新并反复建立被中断的思维进程，失去思维的连贯性。

是否辅导作业，还要看孩子处在什么样的学习阶段和状态。望子成龙、望女成凤是每位父母的普遍心愿，随着社会的竞争压力逐渐加大，"不要让孩子输在起跑线上"的思想深入人心，很多辅导不排除"焦虑感染"——听到身边有家长一直在辅导陪写，就会有人不断效仿，不然孩子学不好，直男老公会认为是妈妈辅导得不好。

孩子刚入小学，自制力和专注力比较差，写作业时监督缺位也会带来弊端，不利于养成良好的学习习惯。身边很多妈妈有这样的烦恼，即便孩子上了四五年级，学习时还要三催四请，对于老师布置的学习任务，如果父母不留意，他可能就会忘记。甚至是说好回家就写作业，结果吃完晚饭还不想动笔。

记得前段时间有则新闻报道，一个10岁女孩因没写暑假作业被妈妈关在门外3小时。记者调查得知，女孩已经连续一个月不写作业，后来妈妈不得已把她送进补习班，但孩子的坏习惯依然没有改变。

这恰恰是因为在孩子低年级时，少了父母的监督，也没有让孩子养成做规划的习惯。没有科学合理的学习规划和养成良好的习惯，孩子就会变得随心所欲，一拖再拖就成为常态。

心理学家调查发现，30%的学龄孩子仍不能做到自觉，需要父母不断督促。孩子不自觉，最大的因素就是缺乏动力；教育最大的谎言，莫过于家长指望孩子能自觉学习。如果父母指望低年级孩子能够自觉学习，这有违孩子的成长规律和学习规律。

正是因为低年级孩子缺乏自律、自觉性，很难坚持到底，所以才需要父母的帮助，让孩子认真把一件事情做好。

不管父母的能力水平如何，位于哪个社会阶层，能否及时辅导和陪伴孩子，但在孩子处于低年级时，出现下列两种情况时绝不能放任不管。

第一，**排斥写作业**。不管孩子的年龄多大，他们都有不想写作业的时候，就像大人不愿意上班一样。这时父母要及时洞察，了解孩子不想写作业的原因，是不想写还是重复刷题感觉厌烦了；适当给予他们一些帮助，还可以分享自己完成公司的任务获得表扬的故事，以此鼓励、激励孩子认真完成作业。

第二，**遇到学习瓶颈**。儿童心理研究调查显示，小学生学习能力发展失衡的比例为 15.6%。按此推算，仅北京地区就有最少 60 万的儿童存在学习困难并需要帮助。若发现孩子写作业时间很久，做题很慢，家长要给予关心和协助，不能放任不管，这样会让孩子失去信心。

传统教育的一大误区就是重知识传授，轻能力培养。现在很多成年人还没有养成自主学习的能力，这与他们儿童时期学习能力培养不足有很大关系。家长养成自主学习的能力，适时培养和引导孩子的学习兴趣，才是孩子实现开放学习和终身学习的基础。

对于家长要不要辅导、陪伴孩子写作业，其实不需要太过纠结。虽说长久贴身陪伴会让孩子产生依赖心理，甚至养成坏习惯，但前期还需要家长帮孩子纠正不良习性，慢慢形成自主学习、自觉学习的习惯。

对于自觉性强的孩子，家长可以慢慢放手；对于自觉性差的孩子，家长要等其养成独立学习的习惯后才能放手。总之，最重要的一点是，教育孩子的过程中，教师要有强大的盟友——构建良好的家校关系，既让家长成为自己的帮手，又帮助家长做好家庭教育。

放养是一把双刃剑，既有让家长甩手的自由自在，又有让孩子不断沉沦的放纵危险。以一个灵魂唤醒另一个灵魂，才是高超的家庭教育。

第 2 节
好习惯，从整理书包开始

叶圣陶先生说："什么是教育，简单的一句话就是养成习惯。"

一年级新生进入小学，一切都要从头开始，良好的习惯可以使孩子终身受益。

记得孩子刚上一年级的第一个周末，班主任在微信群里公布"班级本周学习总结"时，众多家长都笑喷了。原来，趁孩子课间操的时候，班主任抽空巡视了教室的卫生，结果吓了一跳：场面是一片狼藉。

情景一：书桌上的课本摆放得乱七八糟，地上随处散落着铅笔和橡皮，水杯在书桌抽屉里横七竖八地放着，甚至还流着水，椅背上挂着的书包咧着"血盆大口"。

情景二：走了一圈，发现某位小朋友的座位上臭烘烘的。班主任仔细地趴在书桌四周闻了闻，发现味道是从书包里散发出来的，便好奇地下手一翻，掏出一个啃剩一半的香蕉，香蕉皮黏糊糊、黑麻麻的，抓得满手都是，书包内壁和崭新的课本都被弄脏了。

情景三：再看看其他几个同学的书包，他们的书包就像"哆啦A梦"的神奇口袋，真的是什么杂物玩件都有，如团得皱巴巴的糖纸、画得乱七八糟的草稿纸、被铅笔芯扎得像蜂窝煤一样的橡皮，还有一摸一手黑满是铅笔屑的书包底层……一只只内层脏兮兮却装满孩子成长秘密的书包，却是孩子每天最亲密接触的物件之一。

情景四：任课教师反映，几次上课铃声响了，还有个别学生找不到课本，第二天不能按时交作业。实际上，家长在微信群里解释说，孩子前一天晚上已经写完，只是忘记把作业装进书包而已。

当天下午，班主任没有上新课，而是开展以"我的书包有什么"为主题的班级趣味活动。孩子们以为老师要带着大家玩儿，非常开心，一边翻着书包，一边展示着除学习用品以外各种有趣的"东西"。

家长也都以为自己孩子的书包干净又整洁，却没料到是史上最全的"垃圾回收站"。有牛奶、饼干、苹果、玩具……甚至一个学生还掏出了平板电脑，让全班学生大吃一惊。课后，班主任拍完照片，扣留了与学习无关的私人物品，为家长留了一项家庭作业——教孩子整理书包。

看到上面的情景，大家恐怕会忍俊不禁，然而，它就是当前一些小学生的真实写照。书包作为学生学习的第一私人环境，如此杂乱无章对他的成长的确有负面影响。

有关调查显示，90%以上的家长为了节省时间，主动替刚入学的孩子整理书包。其实，整理书包是培养孩子良好习惯的重要手段，明智的家长应该让孩子在力所能及的范围内自行整理。毕竟，书包杂乱无章会产生以下不良影响：**（1）丢失课本，上课时找不到；（2）不能养成良好的个人卫生习惯，凌乱的背后是随意的行为习惯和无序的学习安排。**

记得女儿刚入学那天，班主任要求学生放学回家跟家长一起包书皮。那一晚，我画好课程表之后，开始教女儿如何自己整理书包。对家长来说，整理物品是一件很简单的事，但对孩子来说，她显然不太明白其中的意义和整理方法。

那怎么帮孩子整理好书包呢？

1. 选择适合孩子的书包

书包不是日常消耗品，它需要精心挑选。女孩喜欢粉嫩、有公主图案的，男孩想要蓝色、印有《海底总动员》的。妈妈似乎有很多理由如容易脏、不好洗、太贵、不实用等，不满足孩子的心愿。

这时我要问了，书包到底是谁在用呢？好多妈妈似乎觉得自己很有道理，你看孩子并没有因为拥有喜欢的书包而增加对学习的热情。其实，选书包可遵循这样一个原则，即父母决定书包的功能多少和舒适度，款式、颜色则看孩子的选择。

2. 教孩子认识书包的功能，按类别放置物品

教科书按统一方向顺着书包竖向摆放，之后再放铅笔盒，比较薄的作业本统一夹至书包隔层固定，避免人为损坏。水杯和纸巾等小件装入书包的侧面专用包袋。另外，给孩子准备一个专门存放试卷的资料袋，不仅方便查找，还能避免弄丢或者塞得不知去向。

3. 贵重物品和钱币不要装入书包，以免丢失

4. 作业完成后自行整理书包

对照课程表，先将次日要用到的课本按照标准装好，再依次装入需要提交的作业本和其他课程所需用具。

5. 与孩子一起定期检查书包

著名整理专家荒河菜美在《整理是一切的开始》一书中说，所谓的整理就是不停地舍弃东西，不停地留出空间。大概每隔一周时间，引导孩子把书包里的杂物清理干净，先将物品全部取出，然后用毛刷或湿毛巾擦拭，分拣出需要和不需要的物品。尤其要检查铅笔盒里的用具是否配齐，及时更换用了一大半的铅笔头，以免影响孩子的握笔姿势。

刚开始几天，女儿觉得这个任务很严峻，动作不紧不慢不说，态度上极为不情愿。孩子动作慢，可能是在闹脾气，甚至是对妈妈让她自己做事的一种反抗！

我站在一旁默默着急，但还是忍住没有插手，微笑着给女儿鼓励，让她慢慢适应这个"万事开头难"。仅过了大概一周时间，孩子就习惯成自然，至今未听老师在家长群里说过孩子没交作业或是忘带课本。

日本有一位著名的收纳师叫小岛红章。他说，想让生活变得简单，你需要改变收纳的思路。孩子又何尝不是呢？小岛还特别强调，别以为收拾东西只是成人的事，他提倡一种"收育"理念：收拾的收，育儿的育，就是要把收纳和儿童教育相结合。

仔细想想，确实如此。身边很多低年级的小神兽，不是今天忘记带作业本回家，就是明天忘记把书带去学校。他的书包里可能什么都有，就总是找不到想找的东西，不仅浪费了时间，还经常因这些小事被父母责备。

所以，一定要让孩子学会整理书包，这样他才会知道平时用起书包的方便性。著名心理学家维果斯基认为，儿童认知发展需要辩论和讨论，儿童的学习是需要试误的，需要得到别人的认可和表扬。

第 3 节
"橡皮综合征"到底有哪些影响

某日，班主任在家长群里转发了一张图片。我扫了一眼，莫名地被戳中胸口，"噗"的一下把刚喝进嘴的果汁喷满手机屏幕。

辅导作业的人生已经如此艰难，有些事情就不要再拆穿了。

说起这张火爆的"橡皮定律"图，源于一位退休教师在朋友圈发的一条说说。大意是：家长可以通过橡皮判断孩子上课有没有走神儿，并随机配了 5 张"实物与上课状态"的对比图，让家长对号入座。

根据橡皮受虐的症状，有"铅笔文身型""标本切片型""粉身碎骨型""离家出走型"……总之，就是没有"用完再换型"。班主任的意思是让我们家长照着图"自检"，从一条条留言来看，好多家长的情绪有着不大不小的波动。

我看着手机，一下子憋不住笑，默默地猜想着，我家女儿的橡皮可能是什么样的呢？

一年级刚入学，根据学校下发的文具清单（请在文具盒中准备：3 支铅笔，一块橡皮，一把直尺），我全套照搬，给女儿置办齐全了。

但很快，我发现女儿的文具盒出现了不规则的变化。比如，有时装回的铅笔肯定有一支不是我买的；前天才装在笔盒中完好无损的橡皮，可能次日就缺了半截……我曾天真地认为，这是一年级小豆包的正常现象，直到这张"橡皮定律"图的出现。

忽然觉得，辅导作业的时候，橡皮也是影响亲子关系的一大杀手。

盼望着，终于盼到了神兽放学回家写作业。

不过，作为一个接受过科学育儿教育的中年母亲，是不会偷偷翻看女儿的文具盒的，呵呵，我是光明正大拿来看的。果然，真相也许会迟到，但永远不会缺席——这次，文具盒里根本没找到我想要的橡皮。

我正要开口发问，突然看到女儿盯着作业本手足无措。

"怎么了？有题目不会做吗？"

"不是。"女儿支支吾吾地摇摇头。

"那是写错了？赶快拿橡皮擦掉啊！"我旁敲侧击，只想快点儿证实自己的预判。

"我……我的橡皮不见了。"说着，女儿张开嘴，准备用手指头沾点儿唾沫往作业本子上戳。

看到这一幕，我气急了——果然不出"图片之所料"！

我想大声呵斥女儿一顿，但还是生生忍住了——仔细想想自己的学生时代，好像也没有一块橡皮能倔强地活到最后。

"喂，你的文具盒在做'布朗运动'吗"？

所谓的"布朗运动"，就是不规则运动，永远不知道她的文具下一秒是什么状态。

女儿看着我，又看看文具盒，一边露出幽怨的眼神极力辩解，说是谁谁谁把她的橡皮拿走了，一边泪珠像断了线似的顺着脸颊滚下来。

我脆弱的小心脏还是不够坚强，瞬间爆发想哄一哄她的冲动，但还是为了以后文具不再丢失或弄坏，跟她冷静地谈了谈人生。

"制造一块橡皮容易吗？18 世纪发明了橡皮，19 世纪才能让普通人买到，还不一定买得起……"我像模像样地给女儿科普着。

接着，我又提出要签个"协议"，决定对女儿的"主人翁精神"定价。在我家，通行"货币"是墙上的小红花——若是能保证橡皮每天除了正常损耗而不丢、不坏、不破角，就奖励她一朵小红花。一周结束，可以凭借小红花的数量换取自己心仪的小礼物。

就这样，当橡皮在女儿的心中拥有了地位后，就很少出过"人身意外"了。

这事在我家算是解决完了，但在别的家长那里还没有结束。每隔几日，女儿都会跟我说班里某个男生又被批评了，还被找了家长，原因是上课切橡皮。这大概就是令老师和家长感到头疼、头脑灵光却不肯用功学习的神兽吧，想必他整堂课都在练习"刀工"，根本不知道老师讲了些什么。

其实，学生上课玩橡皮，潜意识就是走神，比作业写不完、考试分数低还让人难以接受。这也是很多低年级学生的共性——爱开小差。

那么，孩子为什么喜欢上课开小差呢？不外乎有如下原因：对所学科目不感兴趣，不想听；听不懂老师讲的内容，不愿意听；觉得老师讲的自己全部会，不需要听；自制力差，容易受到干扰。

贪玩是孩子的天性，能够全神贯注听老师讲课的低龄学生毕竟是少数，多数学生往往听一会儿就会"灵魂出窍"。

其实，这帮福尔摩斯附体的家长和老师也都是从小学生过来的，透过一块橡皮还原孩子上课时的"作案场景"后千万不要暴怒。毕竟，我们小时候也喜欢把铅笔尖扎进橡皮，然后拿小刀给它做个"微创手术"。

如何让孩子改正上课开小差的毛病才是王道。

1. 培养爱护物品的好习惯

告诉孩子，书包和文具都是我们的好朋友，一定要学会爱护它们。

一般学习好的孩子都比较爱护文具，保持文具的整洁，因为他们知道这些文具是帮自己学习的好助手。家长也可帮助孩子在铅笔和橡皮等小文具上贴好名字标签，鼓励孩子及时取回外借的物品，记得拾起掉在地上的物品。

2. 引导开发学生的专注力

专注力不是靠基因遗传，而是靠后天培养。比如，为孩子创造安静的学习环境；尽量选择简洁、实用的学习用具，避免文具变玩具而分散学生的注意力；或通过绘画、阅读、静坐等方式提高孩子的专注力。

开始时可以是 5 分钟，慢慢地过渡到 10 分钟，根据情况逐渐增加时长。不过这个时间不能过长，要根据不同阶段孩子的学习规律和成长规律来定。

让孩子在每天固定的时间内完成固定的学习任务，以便与他的心理活动走向形成默契。

3. 加强与老师的沟通

如果家长发现孩子上课容易走神，请老师配合纠正是最好的方法，因为只有老师才能全方位掌握学生的课堂表现。比如，当老师发现孩子有上课溜号的小动作，可以安排他回答问题，帮助其收心。

4. 及时表扬孩子，给予他鼓励

家长发现孩子文具齐全、专注力有所提升时，要及时给予他表扬和鼓励，让他意识到自己已经改变了，有了很大的进步和成长。一旦他获得了成就感，学习劲头就会大大提升。

第 4 节
早读，早聪明

　　没有人否认阅读是一个让人受益一生的好习惯，阅读能力更是一切学习的基础。在孩子养成良好的阅读习惯以后，提高的不只是写作能力、语言表达能力，还会拓宽他大脑的思维深度。

　　教育心理学研究证明，阅读能力的形成需要从小培养。

　　一日之计在于晨。晨读是个非常好的习惯，每天早读英语，可以增加语感；早读语文，可以扩大阅读量。"书读百遍，其义自见""黑发不知勤学早，白首方悔读书迟"……这些诗句都在说明读书的重要性。早读习惯的养成，不仅能够增强父母与孩子之间的亲子感情，还会让大多数孩子珍惜与父母相处的短暂时光。

　　一年级刚入学，我便有意识地培养女儿自觉早读、珍惜时间的好习惯。其实，在女儿幼儿时期，我就一直坚持亲子阅读，只是多数时候是我读她听。如今，既然有坚持晨读的打算，我便开始着手制订她的阅读计划。

先以诗歌开启。低年级儿童识字不多，且喜欢有韵律感的文字。一年级第一学期的早读内容便以童诗、童谣为主，激发孩子的阅读兴趣。如果把母语学习降格为单纯的训练工具，不仅违背了这个年龄段孩子的本性，还容易让他丧失对母语学习的兴趣。

一年级第二学期，则穿插结构简单的民间神话和科学童话等，毕竟童话是贯穿始终的文学文体。优秀的儿童文学作品，能够点亮孩子内心沉睡的一切。

从二年级开始，则有针对性地选择一些情感丰富、情节复杂的名作进行专题阅读，如《安徒生童话》《比安基笔下的动物》等，还有叶圣陶、张天翼、莎士比亚等人的经典作品，力求在纯文学的阅读中，让孩子初步感受和他生命根脉相通的语言文化。

拟好阅读计划后，这些话便从我的嘴里出来了。

"以后每天早起 10 分钟阅读，好吗？"不知是我平时说话让女儿有了认同的惯性，还是她压根儿就没听懂这句话的意思，总之，她很乐意地点头答应。

好习惯的养成不是一时之功，需要滴水穿石的慢功夫。

习惯培养之初，我承认，从一大早喊娃起床开始，妈妈一天的战斗正式打响：一边在厨房忙着做早餐，一边扯着嗓子隔空喊她起床。要是这个过程顺利还好，有时女儿磨磨蹭蹭，任凭怎么喊都不想起床，我真想用手上的铲子使劲拍她的屁股。

迅速把女儿从床上揪起来，克服发懒，让她做个安静的早读小能手，成为我迫在眉睫要解决的一个问题。

我站在旁边还好，女儿能像模像样地读上两句，要是随后我转身进了厨房，她便俨然旁若无人的样子，端着课本开始环顾四周，并找好各种理由搪塞：

"妈妈，我还要读几篇啊？"

"妈妈，下一篇我读什么啊？"

"妈妈，读完这篇，我能吃早餐了吗？"

"你的早读不是给老妈读的，要读到你自己脑子里的。"说实话，跟孩子讲道理，最后感动的只能是我们自己。

后来，我提前给女儿安排好任务，每天晨读总算能装模作样地坚持 10 分钟，直到一路打怪升级的我又遇到了新难题。

女儿阅读起来干巴巴的，不带一丝感情色彩，声音也小得像蚊子打喷嚏似的。无论我在一旁怎么柔声细语地提醒，或是假装声色俱厉地呵斥，让她放声诵读并没有想象的那么容易。

"早上读书，要像我和你说话一样，大声地读出来。"

我的话音刚落，女儿似乎意识到自己问题的严重性，赶快坐直身子，清了清嗓子，然后完美地避开我准备发起的新一轮道理轰炸。

就这样，在"你攻我守"的僵持战中坚持了一个月，女儿终于没有再消极怠工，洗漱完毕后便坐在餐桌前主动翻书早读。俗话说"打铁要趁热"，为了让这股正能量继续发扬下去，我决定对她进行精神上的加持和鼓励，毕竟物质奖励会毁掉孩子对晨读的内在动机。

"从今天起，每天早上都要像现在这样认真早读，不要妈妈提醒。表现好的话，我就会贴上一朵小红花。"表面上看起来一朵小红花不值钱，但它已经让孩子产生了荣誉感。

终于，养成好习惯，坚持成自然；美好在显现，打卡不再难。

当然，能让女儿坚持早读的，不只是我手里的小红花，还有一年级期末语文考试卷上鲜红加粗的 100 分——其中一道拉分的课外题，刚好在她晨读过的书本里。

如今，这个坚持了快两年的好习惯，不仅让女儿晨读时头不晕、眼不花了，背诵课文也是相当带劲。

其实，培养孩子晨读习惯的过程中，他难免会出现"三分钟热度"。我作为过来人，温馨提醒大家的是，家长一定要坚持下去，绝不能失掉原则而轻言放弃。只有这样，才能让孩子通过持之以恒的适应过程，充分激发母语学习的潜力。要知道，记忆力的能量才是无法估计的。

身为家长，该如何培养孩子的晨读习惯呢？

1. 明白意义，提高兴趣

小学生对晨读的认识不够，认为晨读是老师的刚性要求，是家长故意增添的负担，总是逃避或者不认真对待，这时就需要家长给孩子讲清楚晨读的目的。

孩子还小，大道理讲得再多都没有用，要从选择一本好书开始，只有兴趣才是最好的老师。只有孩子身心愉悦了，他才会爱上晨读。

2. 前期参与，注重发音

在孩子晨读习惯刚刚养成之初，最好有家长全程参与，认真聆听孩子阅读中是否囫囵吞枣，发音是否标准，语调是否抑扬顿挫、有情感。只有落笔如烟的文字和唯美的声音交融在一起创造出的美妙，才有利于培养孩子对文学艺术的热爱。

3. 在肯定中给予鼓励

现行教育中，学生会面临很大的压力。能扛得住这份早起压力并坚持每天晨读的孩子，老天定会眷顾他们的努力。

在孩子晨读结束时，家长可以先给他一个惊喜的眼神、一个拥抱的姿态，让孩子知道家长对他是赞赏有加的。再根据孩子的阅读状态，通过适当的奖励等外部刺激，加强反思的效果，养成好习惯。比如，奖励小红花就是最简单的晨读效果反馈方式。

4. 阅读梳理，引导启发

空闲的时候，让孩子梳理好晨读内容，如启发孩子描述文章场景，给他营造表达的语境。或者让孩子发挥想象力，说说在所读内容中想到了什么、看到了什么，体会到了什么，只有这样，才能将晨读知识融会贯通。

当然，培养孩子晨读，家长要避开如下雷区。首先，万事开头难，千万别在树立孩子自信心的时候生拉硬拽挑毛病。其次，读什么不是最重要的，重要的是让孩子愿意读、喜欢读、大声读，进而押韵地读、抑扬顿挫地读。最后，家长要摒弃机械性的陪伴，须用心用脑并带好耳朵。

正所谓：只有晨读效率高，才有机会看到语文教师和妈妈的迷人微笑。

第 5 节
坐姿，不该忽视又常被忽视的问题

俗话说，"字如其人"。虽说一个人的字写得好不好，不代表他是个什么样的人，但不得不承认，写字好看的人会比别人多一点机会。

学生时代，如果你的字写得工整规范，不仅在考试时凭借卷面分与同学完美地拉开差距，还会让老师对你刮目相看；工作后，你若能拿出一手漂亮的字，也能让它成为自己的一张形象名片，总不至于自己当上了小领导，一到给文件签字时就变成了螃蟹横爬。

大家还记得曾经在网上广为流传的一份小学生练字作业吗？这份"员"字军团让很多人当场被戳中笑穴，因为写出的每个字都长着脑袋、胳膊和小腿。紧接着，很多家长晒出自己孩子的作业，看来能把字"写活"的小朋友不止一个。

一手好字的练成不是一蹴而就的，除了字体与人的性格有关外，重要的是孩子小时候家长培养的书写习惯。坐姿和握笔姿势不正确，对小学生而言，影响的不只是写字质量，还有作业完成的速度。

对于女儿错误的写字姿势，我是在她一年级中期才偶然发现的。虽说我一直在纠正，但并没有把正确的书写姿势放在日常监管的首位。毕竟在我眼里，孩子写字的姿势相比于让她顺利完成作业，并不是那么重要。

这种奇葩的想法，导致我在此方面一直用心不够，只是看到了就说几句而已。

比如，女儿写着写着，脸就要贴到作业本上了，或者一不留神后背就弓成"青岛大虾"；要么写字时手腕和手臂贴在桌面挡住视线，要么整个右手手腕扭转，干脆把笔尖朝向自己。

也许有家长会说："了解一下握笔矫正器，或许有用。"借助神器矫正女儿的握笔姿势，我不是没想过，只是不想剥夺她一步一步锻炼精细运动的机会，不然无法从根本上解决核心问题。

女儿的读书生涯才刚开始就是这个局面，往后的日子该怎么办啊？我想想就头疼。特别是在一次家长会上，班主任细心地把学生千奇百怪的握笔姿势和坐姿进行汇总，顿时让所有家长感觉头疼。

从那时候开始，女儿一边写作业，我一边纠正。她急着写完作业交差，我想着马上改掉她的不良习惯，没一会儿，安静的书房就变成了硝烟弥漫的战场。结果，只要坐在书桌前，女儿一拿起笔就委屈得想哭。

对于刚入校门的小学生，如果沉浸在被指责的学习氛围里，极易对读书、写字产生抵触情绪。毕竟他们不仅要抓稳细细的铅笔，还要照着笔顺一笔一画地写在田字格里——写大了不行，写小了不行，下笔轻了不行，下笔重了也不行。这确实挺为难孩子的。

后来，我在网上搜索了一些热心家长分享纠正孩子握笔与坐姿的高招，如身上绑根木棍、后背挂个衣架、拿绳子把辫子系在座椅靠背上……这些脑洞大开的家长，还真是一物多用，必要时还能当武器一物降一物。

直到有一天，我在一位退休教师朋友那里看到她用在孙女身上的好办法：拿一块小毛巾，先稍微浸湿后折成巴掌大的方块，调整好孩子的坐姿后，再轻轻地将毛巾放在她的头顶。接下来，只要孩子读书、写字不自觉地弯腰低头，毛巾就会掉下来，提示坐姿错误。

果然，这是块"老姜"。我在焦头烂额、别无他法时，便将这个小妙招现学现用。

起初，这个方法进行得不太顺利。头顶毛巾对女儿来说，就像孙悟空被紧箍咒牢牢约束着。为了让她保持心理平衡，我决定也顶着一块毛巾和她一起端坐在书桌前，她写作业，我读书。若是谁的毛巾掉的次数少，谁就会得到奖励。

为了表示对女儿的"鼓励"，我时不时让头顶上的毛巾"多"掉几次。

"哎呀，为什么你头上的毛巾不捣蛋，一次都没掉下来。不行，我要跟你比到底！"我一边鼓励女儿，一边无形中把她拉入我挖好的坑。就这样，纠正坐姿的过程中，借助一块毛巾当道具，我顺利地让女儿养成了正确的坐姿。

终于解脱因不重视坐姿而埋下的苦果，接着又来还握笔姿势不对欠下的债。

孩子握笔姿势最突出的错误如下：

（1）**低位握笔：笔头握得过紧，执笔位置偏下，手遮住了视线。**

（2）**大拇指压着食指握笔，导致孩子看不到笔尖，不由自主地低头。**

（3）**勾手握笔：手腕向内弯曲，而不是自然伸直。**

因此，家长一定要注重调整孩子学习的坐姿。

首先，身体坐直，书本放平，眼睛离书本一尺，胸脯离桌边一拳，左手不能自然垂放，而是双臂自然张开，配合右手压住本子。

其次，最好给孩子选择自带握姿纠正的"洞洞笔"，笔杆凹陷的部分可以轻松解决孩子拇指、食指和中指"无处安放"的问题，缓解书写不规范带来的疲劳感。也可借助握笔器引导孩子把手放在固定的凹槽位置，形成正确的握笔姿势。

最后，在书桌醒目位置张贴握笔小口诀：**一二指捏着，三四指托着，五指藏着。**

很长一段时间，女儿的握笔姿势都是"低位型"的。习惯是可以改变的，只是过程比较痛苦，帮孩子从固定的习惯中解放出来成了我的当务之急。

　　每天作业完成后，我就让女儿练字矫正握笔姿势，她总是保持片刻后手就秃噜下来。后来，我在网上搜了相关视频，让她慢慢对着练。练字月余，女儿的握笔姿势得到了很大改观，横能写到水平，竖也能轻松写直。

　　时常盯紧孩子的每一处动作，虽说家长会有很多烦恼，但这也是变相地获取幸福的另一种方法吧。毕竟把孩子盯得紧，也是因为我们爱得太深。

第 6 节
黄金预习半小时

　　某日，朋友发给我一张微信群的聊天截图，大意是班里两位老师每天都让家长提前给孩子预习第二天的新课，引起了个别家长的不适，疯狂吐槽带节奏。

　　家长群也是个小社会，家长和老师、家长和家长之间的矛盾往往在不经意间一触即发。

　　若是看到这位家长的吐槽动机，怕是也有人跟我一样不赞成，因为他既然能够质疑预习，那么对于老师要求的课后复习巩固十有八九也会不满，认为老师在偷懒，给家长强加额外任务。

总之，网络上那么多家长和育儿专家分享的学习经验，有些家长八成是一点儿都没有 get 到，反而把质疑老师教学能力的负面观点研究个精通……

一次家长会上，班主任对类似问题跟家长进行现场答疑。那些平时学习成绩优异、认真积累学习好习惯的孩子，往往都提前接触了次日的学习内容，掌握了较多的新课知识，听课时便会轻松许多。况且，低年级孩子的课堂专注力很难保持在 20 分钟以上，如果不预习，若是思维开了小差，很容易跟不上后面的内容。

用老师的话说，"给孩子补习，真的不如让孩子提前做好预习"。补习是等孩子学习成绩下降所采取的亡羊补牢措施，具有很大的被动性；预习不仅让孩子提前构建知识结构，还能极大调动孩子学习的主动性。

所以，孩子连课本内容都不清楚，想让他在课堂上集中精力跟上老师教课的节奏，也就没那么简单了。

女儿刚上二年级时，对于老师第一次规定的预习任务，我也是一头雾水。这不像每天布置的书面作业那样有明确的硬性要求，"预习"二字更显得泛泛而谈。

那一刻，我也曾嗤之以鼻，觉得预习就是浪费时间，没多大的意思，反正老师上课会讲。

我不知道如何带着孩子预习，也不知道要让孩子预习到什么程度，毕竟需要精心把控预习的尺度——预习多了，家长担心孩子在课堂上不认真听讲；预习少了，同样担心在老师那里交不了差。

带着模棱两可的疑惑，我只能提醒孩子写完作业后把语文课本拿出来读一读，把数学课本上的习题拿出来翻一翻，既然不能做到"烂笔头"，起码先混个脸熟。

不出所料，在没有家长监督的情况下，女儿用两只灵活到"翻书比翻脸还快"的小手，真的是走马观花地随便看了看，第一次预习没到 5 分钟就结束了。

后来，我好奇地问了问身边其他孩子的妈妈，得到的回答是：不会预习的学生和家长真的不只是我们。

大概是次日老师检查预习作业，发现孩子的书本比脸还干净，接着在家长群里明确预习目的，要求学生诵读课文和简单自学一类字，将这些字一音一字两词，按照正确的笔顺规范地书写在拼音本上。

那么，问题来了，有人纳闷，什么是一类字呢？就是课文结尾要求学生会写的字，一类字的书写指导是老师课堂教学的重中之重。

其实，相比灵活多变的数学课内学习，无论大家承认与否，整个基础教育阶段，语文真的是难学的一门学科。更麻烦的是，如果从小没打好语文学习基础，那就会出现很多问题，对孩子的后续学习也会产生不利影响，很难像数理化学科那样在短时间内通过补习得到实质性的提升。

为了让女儿在低年级养成老师口中的好习惯，我决定每晚专门抽出时间，根据老师的要求开启"黄金预习半小时"

之旅。

对于语文学科，先让女儿大声朗读三遍课文，根据课文内容标注好段落。这里强调一下，为什么要朗读而不是默读？因为朗读比心里默读更能强化孩子的记忆，培养孩子的语言表达能力，对不认识的生字，建议通过查字典自行解决。

朗读过程中，思考是十分重要的。让孩子带着课文后面的思考题，边读边想全文的中心思想，发现课文中的重要知识，并结合教辅材料，让孩子了解作者以及这篇文章的写作背景。

针对数学学科，预习课本中最基础的部分，因为教材才是最权威的知识来源。让孩子背熟前一课学到的数学公式和概念性知识，然后依据教材例题，想想如何使用这个公式，有什么技巧。

预习数学后必须达到一个阶段性的小目标，要让孩子清楚知道这部分讲的是什么问题，并坚持让孩子做数学口算，采用计时的方式，在保证正确率的情况下越快越好。

针对英语学科，利用每日早餐时间听音频磨耳朵，尝试模仿跟读。记得有位家长说，她的儿子之前听课很吃力，课后写作业时也要花费大量时间查阅课本知识，效率很低。一个月后，每天短短不到半小时的预习，竟然改变了小男孩学习上的被动局面。

其实，预习就好像在练习内功，良好的预习好比体内蕴藏的一股真气走来走去——只要课堂认真听讲，老师再稍加引导，这股修来的真气就会迅速布满全身。

第 7 节
计时，是解决写作业磨蹭的有效方法

大家都知道，中国式的母亲不好当！

每次跟家有学生的妈妈聊天时，大家七嘴八舌吐槽最多的话题就是："熊孩子写作业太磨蹭了，老是拖拖拉拉的！""要是没人在旁边守着她，估计能写到明天早上。""看着他写作业，一会儿喝水，一会儿上厕所，真是气得想动手……"

对于孩子写作业拖延的毛病，很多家长感同身受，每天放学第一件事也是希望他们快点儿写作业。即便催得再紧，孩子依旧迟迟不写，老想着玩儿。等到他们终于动笔了，要么捏捏笔头、玩玩橡皮，要么一会儿喝水，一会儿吃点儿零食，原本半小时就能写完的作业，偏偏拖上至少两个小时。

特别是到假期的时候，身边的孩子就像商量好似的，几乎

都会出现同一问题，那就是将作业拖到假期快结束才临时抱佛脚。

女儿刚入小学时，特别喜欢写作业，可能是脑子里还遗留着在校的兴奋状态。每天，她几乎都将老师布置的作业看成一道"圣旨"，放学一到家就十分入戏地坐在书桌前，不写完作业不下桌。

可这种颇为优异的现象持续不到 10 天，她就开始磨磨蹭蹭不好好写了。

那么，家里有个拖延症"患者"，到底是一种什么样的体验呢？

首先，孩子刚入小学开始系统地学习新知识，经常看不懂题就写得慢，有时坐姿也不太端正，字写得歪歪扭扭，种种问题一大堆。作为家长，我分分钟都是焦虑附体，惯性地以成年人的心态看待孩子的学习效率。这也是很多人的通病。

举个例子：$11 - 2 = （\quad）$，家长一眼扫完题目马上能秒速给出答案。可对刚上一年级的女儿来说，这道题就没那么简单了，先是笨拙地掰着手指，直到发现手指"余额不够"，才想着用老师课上教的口诀来分解。

如果孩子足够熟练，分解的速度自然快一些；如果不够熟练，我这监工很可能就坐不住板凳，以为她故意磨蹭——殊不知，孩子正在尽自己最大的努力来计算。

"就这么几个数字，你扒拉半天也没有算出来，磨蹭什么呢？"

我不开口时温和安静，一开口时山崩地裂。孩子挨了训，心里肯定不痛快，于是就产生"写作业不愉快"的初体验。

其次，家长的干预可能剥夺了孩子对玩儿的期待，让孩子生无可恋。上了小学后，无论家长还是孩子都觉得玩儿的时间的确少了——双休日被各种补习班占据，平时晚上放学，家长的惯性思维也是希望孩子除了学习就是学习。

全天下父母在孩子放学后的第一句话，就是"快去写作业"。殊不知，这句话的背后折射出多少父母苍白的爱——如果你累了一天下班回到家，非但没能得到配偶一个温暖的怀抱，而是被反问："你啥时候做饭，我饿死了？"想想自己的心情，我相信多半跟孩子进门"被逼"写作业一样，要么憋着气，要么直接产生负面情绪，故意拖拉。

为了做个爱得有能力的好妈妈，我没有第一时间催促女儿写作业，但学了个好的开头，却忽略了过程和结尾。

举个例子：女儿下午放学回家，都是先吃饭再拉琴，然后玩上半小时后正式写作业。完成家庭作业后，我看看时间还早，就会趁机给她补点儿课后作业，待她全部完成后，突然想到辅导班的作业还没打卡……

就这样，孩子成为高速运转的"计件工"，终于活成妈妈心目中"写作业的样子"，在最后得到的却很可能是这几句："走，跟我去楼下走几圈，锻炼锻炼身体。""快点儿收拾好书包去洗澡，然后早点儿睡觉……"

当家长一而再、再而三地占用本该属于孩子的时间，他的内心就会缺少期待，无论自己写得快也好、慢也罢，反正都不能干自己想做的事。没有目标就没有动力，没有动力就没有效率，这是产生拖拉习惯的根源。

最后，重要的一点是，没有给孩子做一份合理的时间规划。凡事预则立，不预则废，孩子写作业同样适用于此。

比如，语数两科的作业，女儿很可能在一小时内全部完成。为了推崇自然教育，我全凭她自觉，自由发挥。但由于女儿对时间概念做不到"心中有数"，就变得散漫了。

"你的作业做了一晚上也没写完，是想气死我吗？"

我一吼，孩子的心里就不舒服，体内会分泌一种使人焦躁不安的东西。是生命激素还是生命介质，抑或多巴胺还是多久胺？总之，叫什么不重要，起什么作用才重要。

孩子拖拉不是病，但拖拉起来真要命。其实，孩子写作业写得磨蹭，多半跟家长有关。好在我及早发现，科学止损，重视下面几个问题，解决了孩子写作业拖拉、磨蹭的问题。

1. 不做监工，安心陪伴

多数和我一样的家长喜欢在孩子写作业时指手画脚，造成孩子的思路被打乱，注意力被"呼叫转移"，后果可想而知。我们要学会安心陪伴，时不时地送点儿温暖。比如，偶尔拥抱鼓励一下，问问他有没有遇到困难，给予适当的指导和帮助。

可能孩子习惯了家长河东狮吼的陪伴模式，一下适应不了，不过没关系，多送几次温暖就好了。

2. 有目标地引导

写作业前，让孩子说出完成作业后的小目标，是继续读书、出去玩儿还是吃零食。有了预先设立的小目标，再引导孩子集中精力完成作业，会使他更加专心。

3. 培养孩子的时间知觉

当孩子开始写作业时，需要时间约束来养成他的好习惯。比如，定好闹钟，剩下的交给时间来管理。在此期间，家长全程不参与，到约定的时间叫停。如果孩子提前完成，家长要及时鼓励。

萧伯纳说：世界上只有两种人——高效率的人和低效率的人。时间管理能让孩子更加有成就感。

需要注意的是，慢和磨蹭是两码事。有些孩子天生慢性子，但做事靠谱，绝不是故意拖拉磨蹭。若父母此时嫌孩子做事慢，过多地逼迫或者替代，问题就来了：一个家长口中真正拖拉、散漫、做事漫不经心的熊孩子，就这样被炼成了。

不过直到现在，我也没听到女儿因妈妈理解自己而说过："妈妈，我写完作业再玩儿，我不累。"

第 8 节
学会记作业，妙不可言

孩子的好习惯不是一朝一夕就能养成的，特别是一二年级的小朋友，我们不仅要有绝对的耐心，还要时刻从每件小事严格着手。现在，我们就来聊聊"如何培养孩子学会记作业"这些事。

其实，我不怕孩子作业多、写得慢，只要她细心、认真，哪怕晚上多开一小时的夜车，这都不是事儿。

新学期开学没多久，某班个别家长便在微信群里明目张胆地吐槽老师，省掉各种负能量语气，这位家长的意思大致如下：

"为什么老师不在群里布置作业了？之前没换老师时，都会在放学时立马发出来。你现在不按时发作业，我家孩子怎么写？"

先不说这位家长吐槽的内容，是不是全班学生家长共有的忧虑，但就事论事，这实在值得讨论。可以说，自从有了手机或平板电脑，班级微信群成为家校互通的主要联系方式——大到学校活动通知，小到学科成绩发布，都在频繁使用。

说实话，看到那位家长的吐槽，我突然怀念起自己儿时没有手机，也不曾接触这些有特殊功能的"现代化武器"带来烦恼的日子。

那时的 80 后，真的不用背书包回家，只需带写作业所用的书本即可。要么没有作业，要么老师口头布置一下，很快就会完成。偶尔需要家长签字，我爸问都不问就大笔一挥，至于我的作业写成啥样他可能都不知道。这种"一眼不看"的签字作业，持续到我的学业结束。

只是时代更迭，万事万物都随着时间逝去而发生改变。

那时候，我们是用脑子记作业的，随着年级升高开始用笔抄；现在多半是发到微信群，甚至出现家长主动帮着抄的情况。那么，到底是孩子的责任心越来越弱，还是家长的责任心越来越强了呢？

女儿刚上一年级，我们之间有了一次真诚的对话："兜妹，你现在已经是小学生了，要学着自己的事情自己做。"

"嗯。"她谈不上专注地看着我，只是条件反射地点点头。

"从现在起，你要自己记好老师留的作业，妈妈没法去你上学的课堂，不能帮到你了。"我的话刚说完，女儿突然放下手中的玩具，认真地看着我。

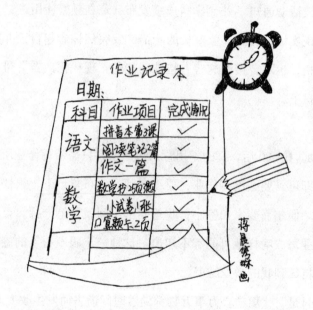

也是从那时开始，女儿都是自己记作业，虽然字丑还会漏掉一些，但她明白了什么是"责任"。

培养孩子的责任心，真的比让他们完成书本作业还要强上千百倍。说到责任，培养孩子听懂家庭作业，完整地记录下来，甚至能更好地完成作业，应该是老师的职责。对此，老师要根据孩子日常在校学习和作业完成的情况，有针对性地在教学活动中先行培养。

比如，有些班级的老师就会在新学期开学第一天，让家长给孩子准备一个专门记作业的小本子，在课上让孩子认真地将作业自行誊抄在本子上。对于没有记作业的孩子，老师看到后会及时提醒；对于一些有特殊要求的作业，才会在微信群里与家长沟通。

这样，家长要做的就是配合老师监督孩子，因为就算孩子照做了，可能只记了几天就准备放弃，甚至连记作业的小本子都不翼而飞。如果老师不催、父母不查，孩子很快就会被打回原形。

孩子养成好习惯和改正坏习惯的决心，跟父母的态度有很大关系。不过，很多低年级的孩子都有记不清作业的现象，我的女儿也是如此。

此时家长就要仔细观察、认真分析，而不是脑袋一热，在家长群里疯狂带节奏。据我多年来总结的经验，孩子记不清作业一般有以下两种原因。

第一种：孩子对家长的依赖性太强。

可能孩子放学回到家没多久，家长就笑眯眯地掏出手机，给孩子看老师发在群里的作业。几次下来，聪明的小家伙就懒得自己记作业了。

爱孩子是所有父母的本能，中国式家长都在以儿女为中心而活着。然而，付出太多，会让孩子觉得理所当然。若是哪天家长没有"帮着"记作业，他还会心生怨恨。莎士比亚在《李尔王》中写道："不知感恩的子女，比毒舌的利齿更能噬痛人心。"

针对这种情况，家长要跟孩子深入沟通，让他意识到记作业和做作业都是自己的分内事。千万不要以为一二年级的孩子还小而置之不管，而要趁现在，在他还不会跟你叫板顶嘴时养成好习惯。否则，等孩子到了五六年级就没有好办法来解决这个问题了。

第二种：孩子潜意识里的偷懒。

有些孩子很傻很天真地认为，自己少记一点作业就可以少写一些。如果是故意漏抄，问题就严重了。家长要先核查再慢慢沟通，到底是漏抄还是有意为之。如果是后者，不能一时心软只是提醒他完成"漏掉"的作业，还要及时跟老师沟通情况，配合唱好"双簧戏"来引导孩子。

想要辅导孩子作业时有个好心情，就要培养孩子独立、勤快、有上进心的好习惯，而不是一味地将责任推给别人，再被冠以"父母是祸害"的高帽子。

第9节
订正本的重要性

订正本也叫错题本，是学生学习生涯中必不可少的小本本，你有过吗？

不知道你们有没有，反正我是没有。

难怪我在学生时代，无论作业本还是试卷上都会屡次出现同样的错题，不禁让老师感到疑惑，把这些题做对对你来说就那么难吗？就连自己也在一遍一遍的询问中变得狐疑起来，为什么同一老师教课，其他同学都能学会而我不能？

这个困扰我 N 年也没走出来的心理阴影，终于在女儿上学后找到了答案。其实，孩子的错题订正行为以及养成习惯，直接涉及对所学知识的吸收和巩固。换句话说，学渣和学霸只是隔着一个错题本的距离。

建构主义学习观认为，知识不能简单地由老师传授给学生，最终的学习效果只能由每个学生依据已有的经验主动建构。若是学生在解题中出现错误，特别是规律性的错误，在原因没有及时找到且新的学习内容又未能及时消化时，就容易与已有知识产生直接的冲突。

对于学生解题中出现的错误，要怎么做才符合认知心理学的规律呢？这就需要科学合理地运用错题订正本。

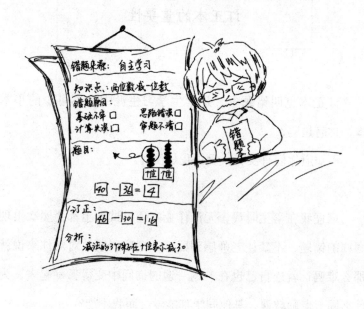

说到错题订正本，女儿每个新学期开学，语、数两科老师都会在家长群里提到它的重要性，且在学习过程中还不止一次地讲过：必须要有错题订正本！必须要有错题订正本！必须要有错题订正本！重要的事情说三遍！

老师第一次强调准备错题订正本时，我很纳闷儿，为什么需要订正本呢？直接在卷子或者练习册上改一下不就可以了吗？

事实是，孩子每次出现的错题，不是简单地改一改就万事大吉，若是没有帮孩子弄清楚错题原因、解题思路和方法，没有把属于那类的题型和涉及的知识点标注明白，他下次遇到相同类型的题还是会做错，这也是对错题的不尊重。

这种订正没有起到培养孩子自我分析和解决问题的能力，只是囫囵吞枣、一知半解。

辅导孩子家庭作业时，我会根据女儿的错题情况，将错题本上的订正习题进行总结分类。

第一种：不会做的题，孩子的智商欠缺是主要问题。

比如，因没有牢牢掌握知识点而做错的题，或是各种试卷习题集里首次遇到的附加题。解决这类错题，只能通过不断加强日常学习，尽快弥补孩子知识体系的漏洞——先温习课堂笔记或熟读课本，弄清相关知识，进行巩固练习直至熟练掌握。

第二种：半对半错的题。

女儿上学以来，数学试卷上偶尔会出现对一半、错一半的题目，老师也常常在对号上面再斜着画一笔。但凡遇到这种情况，我都表现得十分敏感和忧郁。

"你能想想这道题为什么只得了一半的分数吗？"每次我

问女儿时，她都蹙着眉头，似乎努力还原当时考试的情形。

耐心听女儿分析完原因后，发现这种错题多半是记忆模糊导致的，要么用错数学公式，要么把某个条件理解错了。解决办法则参照上一条，分析错题反映出来的问题，针对知识的疑难杂症来答疑解惑，然后通过对同类型习题的加强训练加以巩固。

第三种：马虎粗心导致的错题。

考试结束后，女儿的成绩总是在满分线外徘徊，丢分的大多是前面的小题，不是写错数字就是审错题，附加题则基本上都能做对。虽然考试前我是千叮咛万嘱咐，可每次考试时，她明明知道"煮饭"步骤，却不是忘了炒菜前刷锅，就是忘记炒菜后把灶台收拾干净。

这样的错题原因，让很多家长认为是孩子的粗心大意造成的，不必太过担心，下次注意就好了。

其实不然，造成这种情况的原因有很多，如考试时精力不集中，担心做不完题，情绪受到影响；或答完题不检查，缺乏责任心等。对于这种非智力因素导致孩子做错题目，我不会对她太过温柔，而是通过每日刷同类型的题对她进行惩戒。

其实，对于一二年级的小朋友来说，大家的知识水平差不多，就看谁有学习方向，谁做题淡定，谁更能脚踏实地地学习。错题本能清楚地展示出孩子的知识漏洞，帮助他明确复习方向。

那么，该怎样利用错题本呢？

1. 将错题本分成两列，左边用铅笔抄错题，右边用红色记号笔标注清楚知识点和错误原因，这样错题本就算整理完成了。

2. 针对错题巩固，最好做到"每日一练"，或者周末进行抽查。家长可再将错题生成卷子让孩子作答，以便快速查缺补漏。

3. 对于错误率较高的，一定要停止拓展，重点帮孩子梳理解题思路，找到做错的根本原因，再根据相关知识变化题型，提升孩子触类旁通的能力。

订正本学习法，就是一个不断将错题回炉淬炼的过程。它贯穿新旧知识的始终，以管窥豹地帮家长看到孩子存在的知识漏洞，并加以修正、完善。

小小订正本，内有大学问。愿每个家长都用好它，辅导孩子学习时更省心。

/第二章/ 成长关键词：方法

掌握方法，才是孩子最好的老师

第 1 节
提笔即是练字时

不少家长觉得，孩子字写得丑一点儿没有关系，只要考试分数够，也能上个好学校。

然而，大家却忽略了重要的一点，考高分也需要一手好字。若是孩子的写作字迹不工整，卷面书写一塌糊涂，或多或少会影响电脑阅卷的精准度。

有一段时间，女儿每天回家都喜滋滋地跟我八卦学校发生的趣事。那段时间，频登我家"晚间头条"的，就是老师又撕了谁谁谁的作业本。

我听后，在心里捋了捋整个事件发生的过程，大意是：这几个学生的字不知道是不是写得真丑，还是与其他学生比起来不是很好看，老师在检查练习册的时候发现他们实在写得"太有想法"，一气之下连续撕了几个学生的作业本。

虽说老师当众撕本子看似很暴力，但作为有强迫症的家长，如果我看见孩子"龙飞凤舞"把作业写得乱七八糟，八成也会发疯。女儿一年级时，我也有过 N 次控制不住想要撕毁她的作业本的冲动。

说起来，多数学龄前的孩子就开始动笔写字了。但由于年龄太小，对于正确的书写姿势、字体结构和笔顺并不能很好地理解，只能"照葫芦画瓢"。这就埋下了很多隐患，需要家长在孩子入学后引起重视，及时纠正。

女儿读一年级上学期时，因作业不多，我雷打不动地陪读，每天严抓死守的就是监督她认认真真地写字，并将执笔姿势和笔画书写标准归在检查之列。如果写出来的笔画不能横平、竖直，而是歪歪扭扭的就必须擦掉重写，直到我满意为止。

我的严苛，让女儿有段时间很排斥，就连她爸爸都看不下去了。每当我辛苦教孩子的时候，他就过来插嘴拆台。不得不说，他就是我育儿路上那块永远踢不开的绊脚石。

虽说辅导孩子之路上的坑永远填不完，但正因我排除万难的坚持，现在看起来还是有点儿成效。直到现在，女儿一看到拼音，就会字正腔圆地自言自语："妈妈说了，要把'ɑ'的脑袋写得圆圆的，'b'的肚子写得胖胖的。"

二年级时，为了培养女儿的独立性，规定好书写要求后，我便选择了不定期抽查。或者在课文中找出笔顺容易出错的字，让她规范抄写。

　　其实，孩子升入二年级，老师也对学生的书写提出了明确的要求，即字要写在田字格中间，左右结构的字要看清楚字体特征是左窄右宽还是左宽右窄，先记在心里再书写……提高写字质量，不仅是老师的教学重点，也是摆在家长面前的重要课题。

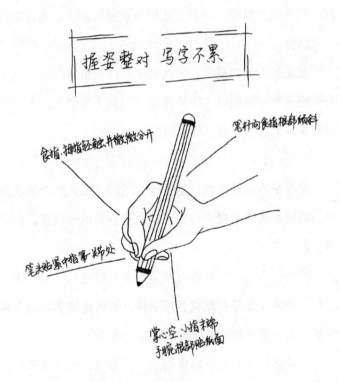

　　一天晚上，我翻开女儿的拼音本检查，发现她有两篇作业虽没出现错误，却被老师评为"良"，便追问为什么老师没有给她"优"。她只是抬了抬眼皮，没有说话。

之后，我挨个字扫了一眼，发现很多字写得不够端正，甚至很潦草，大抵是因为这个原因老师给了一个"良"。本来，我只是有一点儿生气，但看到连续两篇作业都是如此，心中怒火便有了燎原之势。

"之前的作业写完就过去了，但今晚的作业如果再不认真，我就给你撕掉。"看女儿眉头紧锁的样子，我决定再给她一次机会。

女儿虽点头如捣蒜，但从她恨不得一笔写三行、放飞自我的笔速来看，很明显，她把我的话当成了耳旁风，不仅字迹有深有浅，个别字更是"首尾相连"。

在我毫不犹豫地撕掉这张作业纸时，女儿的眼泪也流了下来。她原本潜藏的侥幸心理，在本子撕掉的一刹那，也跟着崩溃了。

"为什么你写字时所有的笔画都可以连在一起，而我不可以？"原来女儿是在跟我有样学样，觉得连笔字看起来富有节奏感，比一笔一画的楷书显得活泼、潇洒。

"等你长大后也可以像妈妈一样写字，但现在不行，只有小时候认真写字，长大后才会写出漂亮的字。"待女儿的情绪稳定下来，我慢慢地跟她沟通。

从那以后，女儿的书写越发规范。

万事开头难，孩子的教育更是这样。一手好字，不仅是人的"第二张脸"，家长若能坚持"提笔即练字"的基本原则，则会让孩子受益多多。

写字是一项重要的基本功，《义务教育语文课程标准（2011年版）》在每一学段对学生的写字能力都提出了明确的要求。

小学低年级的孩子多数定力不足，耐心有限，但监督他们一笔一画地写字，不仅可以锻炼他们的韧性，还可以培养他们细致严谨的学习态度。

那么，如何才能让孩子认真地写出一手好字呢？

1.家长认真监督。

孩子往往缺少自觉性，家长的监督就显得尤为重要。

2.贵在坚持。

学什么都不是一蹴而就的，需要家长持之以恒的坚持和孩子长年累月的用心积累。

3.适当地运用奖惩机制。

小学低年级的孩子，喜欢得到老师的表扬和家长的奖励。辅导作业时，家长可根据实际情况与孩子协商奖惩机制，能更好地激发孩子认真写字的热情；如果老师给的评分为"优"，便可得到家长的一次奖励。

4. 家长带头认真写字。

一二年级的孩子正处于有样学样的年纪，并不了解写字的重要性，毕竟他们的心智发育还不成熟。家长可通过亲子比赛激发孩子争强好胜的心理，客观公正地总结各自的优缺点，这样会更好地提高孩子的积极性。

总之，作为长期坚持在辅导一线的资深战士，我最想说的是：老妈子织过最长的布，就是想方设法让鸡娃听我摆布。

第 2 节
我的作业检查完了

现在，好多小学提倡这样一种理念：为了孩子的成长，需要家校联动互通。

如何将这个理念落到实处，学生的家庭作业就成为考验家长责任心的标准之一。

某日，朋友双妈在微信里向我吐槽，她因老大的作业问题受到牵连，被老师在微信群里实名批评"不负责任"。

本来想做个安静潜水的低调妈妈，却突然以这种形式"刷"出存在感，让她既生气又觉得委屈。但碍于孩子的心理要健康发展，她总不能再把这盆水泼回去，只能忍气吞声地对着老师赔不是。

双妈说因为老二刚出生，老大也快三年级了，一家三口经过家庭民主会议决定，以后尽量将精力从老大的作业辅导中抽出来，顺便让他自己锻炼一下。

没想到，熊孩子是凭实力坑父母的——当晚，老大"飞快"地写完作业，将本子甩给她签字就跑出去玩了。

要是放在老二没出生前，双妈可能会认真检查一遍，但当晚为了更好地"执行"会议精神，同时出于对孩子的信任，她看都没看就大笔一挥签了字。

万万没想到，孩子这次作业的错误率太高了……

很多辅导过孩子作业的家长跟双妈有同样的感受，那就是，为了让孩子养成自主检查作业的好习惯，不知道跟孩子费了多少唾沫星子，有些甚至还用武力解决过，但不检查的毛病就是改不了。

那么，这个"老大难"的问题最初是怎么形成的呢？

有一段时间，我也被女儿的这个问题困扰好久，让她做完作业仔细检查真的是操碎了我的心。

孩子要么心不在焉地拿着本子看一遍，但"神游"的眼神已经狠狠出卖了她的不走心；要么摆出一副"很自信"的样子，说自己已经边写边检查了。但当我反问她是怎么运用老师教授的验算方法时，她又一时语塞答不上来。

据我观察，女儿所谓的检查就是随意地"浏览"一下，根本找不出错误。于是，我跟她强调："检查作业，就是从头重新再做一遍！"

为了防止女儿继续敷衍，如果没检查出来的错误被我再次发现，错一道题就要罚抄十遍。

这一招，在开始的几天里貌似有点儿效果，但没过几天，女儿的作业又开始错误百出，不是写错字就是漏写题，要么就是把算式结果写错，真的是让人伤透脑筋。

如果我一直帮女儿检查作业，又担心她产生依赖性，无法养成自主学习的好习惯；不帮她检查作业，看到她望着作业本上红叉叉那失落的样子，又担心影响她的学习信心。

"咱们做个约定，好不好？"某日，我决定换个套路，侧身拉着女儿的手说。

"什么约定？"女儿当即反问，足以证明我的话勾起了她的好奇心。

"如果一周内单科作业错题不超过三道，周五放学我就去学校接你。如果超出，请你下周继续加油，还有机会。"女儿曾几次让我周五去学校接她，现在我正好利用这个有利的契机。

"凭什么？"女儿的语气有些不悦。

"凭自律带来的自由，凭奖励是靠努力换来的。放心，妈妈相信你能做到，就从今天开始吧。"看女儿面露迟疑，半天不说话，我赶快送出自己的大拇指。

没想到，女儿快速从我眼皮底下抽走作业本，然后专注地逐一检查着……

"妈妈，我检查完了，给你看！"果然，这个奖励还挺诱惑人的。

"哇，好像真的一道错题都没有！看来，我要输了。"我心里一边窃喜，一边又在脸上装出难过的样子。这个妈，当得我心好累。

"妈妈，你看，这里有道题是我刚刚检查出来的。耶！耶！

今天我赢啦！"女儿开心地把本子在空中甩了几下，并与我一同击掌庆祝。

"那要继续加油，我们争取周五学校门口见。"从那开始，女儿写的家庭作业错题率的确有了明显下降。

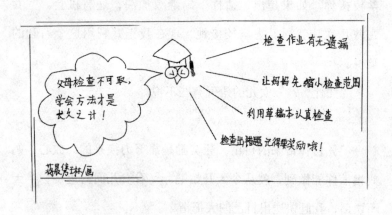

家长在这个问题上都很清醒。

随着孩子升高了年级，我们能提供的帮助越来越少，毕竟，学习上的事，能帮得了一时，终归帮不了一世。

辅导孩子作业时，应着眼于培养孩子独立承担学习的责任。若想达到良好的效果，家长要清楚自己在这个过程中应该做到什么。

首先，在陪写中发现端倪。

对于平时学习习惯不好的孩子，家长很有必要陪着他一起写作业，并且在这个过程中发挥出应有的作用。不要简单地以为，检查作业只是发生在作业完成之后，"事后诸葛亮"并不能让你捕捉孩子写作业途中透出的关键信息。

比如，孩子做作业时的细微动作，可以看出他是否专注；读题是逐字逐句还是跳着字读，可以感受到他是否用心；下笔时果断利落还是犹豫不定，可以了解他对知识的掌握程度。

其次，可以提醒，但别大包大揽。

不少家长"怕"因孩子的作业出错，让自己被老师实名批评，便养成每天帮孩子检查作业的习惯。久而久之，孩子就认为这是家长理所应当的事。

女儿刚入学时，我就犯过这样的低级错误。每天，女儿家庭作业的质量都很好，可一到考试，就会出现很多因粗心产生的错误，让老师觉得很奇怪。

之后，我渐渐意识到这么做，表面上是直接纠正了孩子的错误，但容易助长她粗心的坏习惯。从那以后，我便着重培养她独立自主的能力，如果不想检查就自己承担后果。她都不怕第二天的惩罚，咱们大人又怕什么呢？

最后，授人以鱼，不如授人以渔。

很多孩子一开始并不会检查作业，家长可以尝试任务拆分法，先让孩子自行检查有无漏写，再提醒他的错题范围，但计算结果要由孩子确认。比如，这题做得不错，但有一点点小问题，你自己找找看；或者在有问题的地方画个记号，让孩子自行找出错误，及时鼓励他把这个好习惯保持下去。

等到孩子年龄大一点儿，再让他检查做题思路、算式列法是否正确。

让孩子自己检查作业并纠正错误，可以培养他的责任心、认真仔细的学习品质。长期坚持的话，孩子便会养成自己检查对错的习惯，考试时不急不躁，准确率就会很高。

只有辅导孩子的家庭作业才会发现，孩子就是上天派来折磨我们的小妖精。只有家长想不到的错误，没有他们抛不出来的梗。

第 3 节
生活处处皆语文

新西兰科学家玛丽·克莱说过："孩子的读写能力和学走路、学吃饭一样，在日常生活中自然而然就萌发出来了。"

但前提是，家长如能提供相应的学习文字环境，便不会因生搬硬套、死记硬背而局限文字学习的思维。为此，文字启蒙时，让孩子学会理解是最重要的。

作为陪读的过来人，我很负责任地说，认字对低年级的小学生真的是太重要了，因为无论是日常学习还是考试，孩子对知识的掌握能力都建立在阅读理解的基础上。

虽说刚入校门的小朋友，平日做作业和考试都有家长或老师辅助读题，但万一那会儿脑子溜号没听到，又大字不识一斗，就真的是看着试卷两眼一抹黑。所以，孩子认识世界就是以认识文字为出发点的。

我认识一位家长，她是快乐育儿的绝对追随者。孩子上小学前几乎不认识几个字，直到入学半年后，猛然想起要紧急突击学认字，因为辅导作业时母子俩的压力都大，每晚都从母慈子孝直接晋升为鸡飞狗跳。

有"鸡汤文"说，孩子认字完全不用教，只要你不断给他阅读，他慢慢地就会认识很多字了，过早地学习反而会破坏孩子对文字运用的能力。

这句话看上去很有道理，我曾对此深信不疑。

从女儿一岁开始，我就孜孜不倦地往家里大量输送国内外绘本，每天读给她听。虽然我没刻意对她进行认字启蒙，但这几年不间断的亲子阅读，在潜移默化中似乎已为她的独立阅读铺好了一条路。

　　大概从女儿 6 岁开始，我为她制订的阅读计划是每天读书 15 分钟。在这 15 分钟，我会让女儿把绘本内容以"指读"的方式读下来，对于不认识的字再跟着我读两遍。

　　我发现，女儿的识字效果似乎微乎其微。虽然女儿可以倒背如流很多绘本内容，若单独从课文中筛出几个汉字，她还是不识几个大字。这时，我想起班主任某次在家长会中提到过，家长教孩子学习认字，一定要先放到现实的场景中，孩子有兴趣了才会记得牢、学得快。

　　好在女儿的学习态度并不"渣"，此前她通过挂图认识了好多实物，若是与图片结合，一些字还是可以认得出来的。《伯克毕生发展心理学》一书中讲道：在日常生活中，儿童积累的非正式读写经验越多，语言和自发读写的发展就越好。

　　之后，为了让女儿更快更多地学习生字，我又试着运用老师教的方法，每天在上学和放学途中一起玩"识字游戏"——借助街边随处可见的广告牌加深记忆。只要是目之所及的文字，我都会不厌其烦地告诉她，不管认识不认识、听过没听过，起码先混个耳熟，因为孩子最先认识的是与生活息息相关的文字。

　　多数家长会跟我一样，起初将阅读作为提升孩子识字数量的有效途径。殊不知，儿童识字的对象不只是书本，也包括生活中俯拾皆是的实物。比如，街边店铺的各种广告牌、超市里的商品标示牌等，都可以被用来让孩子学习文字，以便孩子能够在现实生活中更好地使用汉字。

女儿收获最多的文字，就是熟悉的街道名、商家招牌、超市里的蔬果名称等，只因日日相对，便有了更好地了解文字的机会。让我欣慰的是，女儿还会运用街边看到的某个汉字给我出字谜，虽说字谜的逻辑有些拙劣，但随着识字量的增大，她的视野的确开阔了许多。通过识字，她对外部世界的了解又上了一个台阶。

辅导作业时，我还发现，影响孩子各种能力培养的并不是识字本身，而是识字的方法与时机。

1. 借用识字大卡。

识字大卡是最常见的文字学习产品，身边的很多家长朋友都用它来教孩子识字。但识字卡在短期内可能有些效果，长期来看，效果并不理想。

字卡识字只是简单的、机械性的重复记忆，若是学习印象不深，很容易遗忘。教孩子识字，必须让孩子理解字音、字形、字意之间的联系，才算真正认识了汉字。不过，可以借用识字大卡里的字，对汉字结构进行拆解或对偏旁部首进行拆分，再重新让孩子组配新的汉字。

2. 慎用识字 APP。

进入互联网时代，学生获取知识的途径越来越多，很多家长为图方便，会使用 APP 让孩子识字。我的感受是，这种学习方式的成本太高——有时为学一个字，可能要玩几十分钟的游戏，时间成本完全不划算。

学习本身就是一件很枯燥的事情，如果让孩子过于依赖这种快乐学习，当其日后在学习上遭遇到不快乐时，会变得异常痛苦。我还是希望孩子能够多接触纸质书，一是能更好地保护视力，二是能培养孩子热爱读书的兴趣。

3. 不要死记硬背。

很多家长辅导孩子写作业时，担心孩子识字量不够，便采取强硬的教学方式，要求孩子每天必须认识多少字。如果记不住就不能玩儿，甚至还要挨罚；如果完成了，就给予奖励。

这种死记硬背的方式，在孩子脑海里只能算"一过式记忆"。孩子可能为了逃避惩罚或者得到奖励"暂时"记得快，不过忘得也快，甚至这种压迫式学习会破坏孩子的识字和阅读兴趣。

生活是语文学习的大课堂，在丰富多彩的生活世界，随处可见的汉字都会为孩子识字提供很好的帮助。

家长在教孩子认字的时候，一定要充分与孩子接触的日常生活相结合，而不是拿着一张识字卡或单独的字去逼迫孩子必须记住，这样只会让孩子产生逆反心理。

第4节
崩溃，从辅导英语作业开始

成年人的崩溃，大多是从辅导英语作业开始的。现在，家长真的是太难了，好不容易把孩子培养到可以独立吃饭、睡觉的年纪，辅导作业的这个事又来了。

有时，一看到孩子写在作业本上的单词，笑容便开始渐渐凝固；一听到孩子试图"蒙混过关"的拼读，举着手机的手就不自觉地颤抖。随着父母辅导作业时不断爆发的焦虑，貌似没有一个孩子能拿着作业本子全身而退。

英语跟语、数两门学科不同，若不是为了辅导孩子而被迫从头再学一遍，多数家长在日常工作和生活中基本不会再接触当年英语课本里的知识。

这对毕业多年的部分家长来说，辅导英语的确有着不小的难度。

朋友的儿子小虎跟女儿同龄，由于选择就读的是私立学校，一年级便开始接触英语课。二年级的英语试卷，用虎妈的话说就像高考试题，听力、辨音、完形填空、阅读理解应有尽有。

某天，英语老师在群里让孩子试着写个小对话，其实就是按照课文要求举一反三来写。结果，小虎神色凝重地憋了半天，才勉强完成这个作业。

本来辅导作业就导致心情不算太好的虎妈，检查作业的那一刻，脸色瞬间就阴暗下来：眼看小虎照着书本抄，却把"mother"这个单词抄错了两遍！

原来，小虎把"mother"的最后一个字母"r"抄成"y"。

"作业不会写我忍了，照着抄还能出错！"虎妈再也压制不住心中的怒火，对着孩子一顿爆喊，差点儿就惊动四邻。这可能是大多数家庭晚间生活的一个缩影。

现阶段，多数小学已经全面引入规范系统的英语学习，一些私立学校甚至从一年级便开设英语课。

不难发现，相较于 70 后那一代从初中开始学英语，从如今英语启蒙更早、更专业化的主流趋势来看，教育已经非常重视对学生英语能力的培养。不过，仅仅在对英语能力要求不高的低年级，很多孩子就因发音、熟练度等问题让家长伤透脑筋，"零起点"的孩子正在陆续掉队。

美国华盛顿大学的帕特里夏·库尔教授经研究指出，每个孩子分辨语言发音微妙差别的敏感期在一岁之内。也就是说，这个阶段，婴儿的大脑里会对语言数据进行收集，建立语言数据库。

如果想让孩子掌握一口流利、地道的英文，最理想的方法就是从孩子一出生就进行大量优质的语音输入。

很显然，我对女儿的英语启蒙也晚了，语言中枢里，她的中文植入过深。难怪刚开始带她拼读绘本时，她不仅听的时候一脸茫然，即便读下来也是磕磕巴巴；让她背书本单词，教了几遍依旧不会；练习过 N 次的课文，让她再背诵的时候还是会忘。

好在我一直坚持让女儿听说读，自然而然地，她就懂得了输出，学习英语的速度也快了很多。

记得某日，女儿误将一个同学的英语课本带回家，我随手翻了翻，始终忍不住发笑。这个孩子大概是为了更快速地学习英语，将课文里部分英语单词的读音用汉字做了标注。

"妈妈，我们班上的某某同学有一本漫画书，那里面的英语对话也是这样标的，我们都很喜欢看。"女儿口中颇受欢迎的"方便教材"，让我听后心里一紧。

家长群里有妈妈说班里个别孩子学习英语时也曾用汉字做音标，遭到老师的严厉批评。虽说这种"音译"可以让孩子快速实现脱口而出的梦想，却是学习英语的最大忌讳，让英语初学者从语言学习初期就走上了错误的道路。

小学英语教材内容基本与生活息息相关，随着年级升高会有一些较为复杂的词汇，但从知识层面来讲并不复杂，对语法的要求也很少。

那么，问题来了，如何让这些掉队的孩子缩小学习差距，家长在辅导作业时又该如何助孩子一臂之力呢？

1. 利用碎片时间多背多记。

从小学课本和试卷可以看出，这个学段侧重积累日常基础词汇，对学生的基本要求是能识会写。只有把基础打好，日后的学习才会轻松，没有捷径可走，多背多记就是硬道理。家长可以督促孩子，并利用碎片时间即时提问。

2. 培养孩子磨耳朵的好习惯。

每天听 15 分钟的英语录音或者老师发送的音频，不要轻易间断。听完几遍后，让孩子对课文有了基本的概念，再引导他边听边读。

3. 培养阅读分级绘本的习惯。

课本内容远远不能满足孩子学习英语的需求，家长可根据具体情况，引导孩子阅读英语分级绘本。递进式的学习，丰富的图片信息，可以帮孩子慢慢把单词串联起来。

4. 多给孩子鼓励和掌声。

鼓励孩子平时要积极大胆地朗读英语。即使家长不懂英语，也可成为孩子最好的伙伴，成为他最好的学习搭档，认真"欣赏"他的表演，激发孩子积极的学习态度。

根据科学研究，儿童语言学习的关键期在 2 ～ 12 岁，大脑负责学语言的区域在孩子 2 ～ 4 岁时的发育速度最快，直至 10 ～ 12 岁才能慢慢成熟。

对于一二年级的孩子，他们刚好处在语言学习红利期的末端，家长一定要培养孩子学习语言的良好习惯，并持之以恒地坚持下去。

第 5 节
慎用物质 "贿赂" 孩子

为了让孩子顺利写完作业，或者激励孩子快点儿写，身边当监工的家长可谓是无所不用其极：有的采取高压措施，一动不动地监督孩子；有的选择严厉说教，各种狠话一股脑儿地砸向孩子；有的则选择讨好、"贿赂"，用玩游戏甚至多给零花钱来激励孩子……

总之，只要能让小神兽痛快地完成作业，自己就可以愉快地玩手机，个别家长还会拿出只有神兽想不到、没有他们给不了的东西。

辅导作业时，妈妈累了倒不怕，就怕家里有个不靠谱的爸爸。事实证明，大多数妈妈的看法是一致的。"猪队友"们平时有三大爱好——抽烟、喝酒、打游戏。有时候，他们为了能在家安心玩一场游戏也是煞费苦心。

身边便有位星星妈跟我疯狂吐槽，她说，虽说自己每天像流水线上的女工一样不停歇，但心里仍有一丝小美好，那就是期盼周末老公在家休息的时候能够拾起重担，让她解放一下。

起初，星星爸的内心是拒绝的，他觉得周末也是自己难得的休闲时光，但碍于妈妈先开了口，便不好无情地拒绝。万万没想到，她好不容易用一年时间给孩子树立的规矩，让老公一晚上就给废了。

因为星星爸在辅导作业的时候，给儿子星星制订了这样一条奖励规则：只要能抓紧时间把"你妈安排"的作业写完且不出错误，就会让他玩最喜欢但平时玩不着的"吃鸡"游戏。

让星星妈痛恨的是，教育孩子跟老娘对着干就算了，被抓到玩游戏时还"上阵父子兵"——父子俩倚靠在沙发上，攻坚打团到深夜。

自从爸爸辅导了那次作业，每到周末，星星都能"高效"地完成所有作业。之前周五放学，星星把书包一扔都不知道该干些什么，现在双休日上完兴趣班，还能"省下"玩儿的时间。

"星星明显定不下心来，心急火燎地写完作业就拿着手机跟我领赏。"星星妈坦言，星星在爸爸的"教育"下学会了跟她谈条件，有几次拗不过只能妥协。她知道这不是长久之计，这种"贿赂式"的奖励，一定会彻底扭曲孩子写作业的态度。

最近因为孩子的教育问题，星星妈跟老公产生很大的分歧，动不动就在电话里争得面红耳赤，觉得心真的好累。

这也是很多家长抱怨的，为什么给孩子提供了这么多的物质基础和奖励，却达不到想要的学习效果，反而孩子的内在动力被削弱了。其实，这种家长犯了一个致命的错误，想知道错在哪里，不妨先看看"德西效应"。

德西是一位心理学家，提出了外在动力机制效应：人如果过多接受外界的奖励，其内在的动力就会逐渐被削弱。这样一来，不但不能达到既定的目标，反而会让他离目标越来越远。

"只要你考到……我就奖励你……"

"如果你把作业……我就奖励你……"

日常辅导孩子写作业时，我们经常会不由自主地说出这样的话。为了激励孩子，往往会在他面前立下所谓的"豪言壮语"，误以为这样的教育方式可以让孩子跑得更快。

其实，过多的物质奖励就像套在孩子身上的枷锁，不但无法让他跑得更快，反而会变得步履蹒跚。

这种激励方式会对孩子造成哪些影响呢？

1. 忘记初心。

虽说"重赏之下，必有勇夫"，但用物质激发孩子的学习兴趣，这种教育意识是淡薄的，也会让孩子逐渐迷失方向，忘记自己要认真学习的初心。慢慢地，他会将心思放在向家长索取奖励上，感觉作业是"帮"家长写的。

2. 过于物质。

孩子的成长需要家长不断为其塑造"三观"，面对形形色色的外部物质诱惑，更需要父母的正面引导。家长若喜欢用物质奖励去鞭策孩子写作业，孩子便会将分内任务当成一种交易。比如，今天爸爸让孩子玩一会儿游戏，他就会认真写作业；明日妈妈没有"兑现"答应过的事，孩子就感觉吃亏了。

《卡尔·威特的教育》一书中说："无论孩子在学习什么的时候，都应该要求他专心致志。"

所以，从辅导作业的第一天起，家长就要注意不能让孩子作业的完成质量和效率与奖励挂钩，而是要慢慢培养孩子的成就感，就像喜欢打篮球的男孩子，在训练时的每次投篮命中，都会促使他乐此不疲地继续练习。

家长在调动孩子写作业的积极性时，可适当运用奖励，但必须让孩子对奖励有明确的认识，告诉他自己才是作业的主人，作业是对他一天功课的检测和提升，他是最大的受益者。

孩子的内驱力，才是家长应该给他激活的最大动力。只有让孩子的内心欲望被完整地保留下来，才能使他有更大的劲儿往前冲。

育儿路上，让各位妈妈最不省心的就是"悠闲"爸爸，他们眼前哪有什么岁月静好，只不过家里有个好妻子在替他负重前行。

某次，我问老公："是什么原因决定你偶尔大发慈悲辅导孩子写作业的？"在我满心欢喜地期待各种天花乱坠的答案时，他目光呆滞地看着我布满红血丝的眼睛，说道："我怕你疯了……"

第 6 节
及时巩固所学知识

2000 多年前，教育家孔子就提倡及时复习所学知识。

他说："学而时习之，不亦乐乎；温故而知新，可以为师矣。"这分别强调，学习时一定要乐于复习和善于复习。

学习的本质是让孩子将所学知识建立新的链接，若是建立后没有及时加固，新形成的链接很快就会被修剪掉。这就是为什么很多孩子学完就忘的原因。

　　世上最痛苦的事莫过于辅导孩子写作业，比这更痛苦的是，家长早就把自己教会了，可孩子还没学会。

　　身边不乏很多被熊孩子逼到濒临崩溃的家长，也包括我。有时看他们学拼音，明明教了 N 遍，一转头还是前后驴唇不对马嘴；有时看他们学 20 以内的数字拆分，只差一点儿就把家长气成精神分裂症。

　　父母的渐进式崩溃，多半是因为孩子怎么学都学不会造成的。

　　辅导作业时，我发现女儿是"间歇性健忘症"患者。比如，当晚讲的知识，可能她次日再做题时就忘了。即便情况好的时候，她脑子最多会保持三天左右的清醒，不能再多了。总之，记忆力不会维稳超过一周。

　　有时，女儿看着总是反复出错的题也很丧气、懊恼。这些知识对她来说就像一群小蝌蚪，今天明明看到的是个小黑点，明天再看已经长出了脚，等到考试时却全部变成了青蛙。

　　一年级数学有一道"蜗牛爬井"的奥数题，虽然题目难度不高，但如果孩子稍微不注意，就容易掉进出题者的陷阱。

　　第一次跟着网课学完，看到女儿一口气不喘地做完所有课后练习，步骤全部正确，我真的以为她完全学会了，然后开心地放飞自我。没两天，校内奥数作业再次涉及这道"蜗牛爬井"时，她这只"蜗牛"却没有爬上来，不仅完全没有思维逻辑，步骤也写得不清晰。

看女儿不停地写了擦、擦了写，我的胸口感觉有一股热气往上蹿，一下子忍不住便朝着女儿大喊大叫：

"我就想不通了，上次你不是都做对了吗？"

"最后一天最特殊，为什么总是忘记啊！"

"求前面爬了多少米，就是用总数减去最后一天爬的米数……"

结果，女儿立马产生抵触情绪。我想让她冷静下来继续把题做完，却发现她嘟着嘴再也不肯了。我若是多说一句，她直接开启催泪模式。

直到有一天，我与女儿的网课老师在微信里聊天时才知道，孩子今天学明天忘是一件很正常的事。孩子学完新知识，如果隔天不复习就会忘记 70% 左右。家长要想改变这种间歇性失忆的症状，只能通过复习帮助孩子不断重拾前面的记忆。这就是"教了不等于学了，学了不等于会了"。

德国心理学家艾宾浩斯通过一项研究告诉我们，遗忘在学习以后马上就会发生，并且在学习结束的最初阶段，遗忘速度是最快的——如果一天后不及时复习，可能只剩下当初所学知识的 30% 左右。然后，从第二天开始，随着时间的推移，遗忘逐渐缓慢。也就是说，孩子在学习了新知识后，最好在 24 小时内反复复习、巩固，最好能保持三天。

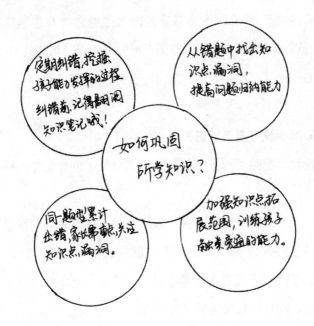

那么，到底是什么原因让孩子产生这种间歇性失忆的症状呢？

1. 可能因为记忆不深刻。

家长辅导孩子写作业时，习惯用自己的方式告诉孩子答案和解决方法。可是成年人的思维，在低年级小朋友看来是没有具体感知能力的。这种"看起来"记住了，不过是一种表象，实际上孩子并没有记住。

2. 可能没有完全理解。

孩子的逻辑比较简单，无论是在校接受老师的课堂教学，还是在家接受家长的作业辅导，因为他的思维非常形象、具体，所以善于机械性记忆。如果此时接受的是"填鸭式教学"，便会导致他学习知识时不考虑内在含义，而是死记硬背。

3. 可能没有真正听进去。

这种情况除了与孩子的听课状态有关，也与父母的辅导水平有关。

当时教女儿"蜗牛爬井"那道题时，就因来来回回讲了几遍，孩子还是没有学会，急于求成的我便开始训斥她。事实上，孩子的智力发育本就需要时间，父母总是希望孩子学了一遍就会，这对他来讲是很不公平的。

多数情况下，正是因为家长不懂为师之道，孩子在负面情绪的强化下产生厌学情绪，将家长的谆谆教导当成耳边风。

家长在辅导作业时，一定要及时帮助孩子巩固复习，但不要搞题海战术。能够做到连续三天巩固到位最好，并在周末针对日常复习出现的问题进行整体提升。可以先让孩子熟读课堂笔记，将课内教材的习题练熟并举一反三；对于常规题，每日做几道拓展训练，然后整理错题笔记，这些都是能有效帮助孩子巩固所学知识的方法。

每个成功孩子的背后，一定有一个讲方法、有毅力的家长。只有踏着前人成功的脚印，才能更好地帮孩子赢在起跑线上。

辅导作业没有捷径，家长要想"保命"，除了多买一份保险，就是要看这份攻略。

第7节
妙用签字的权利

从 80 后的家长上学起，老师要求家长签字的传统就有了，并延续到现在，只是身边有些家长对老师要求所有科目都签名颇有微词。大家普遍认为，孩子的作业有没有错误，课文是否背诵下来，错题是不是及时订正等，都需要家长签字作为监督，还要老师做什么？

吐槽归吐槽，只是这样的抱怨没有太大的意义。孩子在学校里要老师授课，难道就你不签吗？既然一定要签，咱就得走心，不能敷衍。毕竟孩子是自己亲生的，谁的责任都没家长的大——老师对孩子的教育付出算义务，家长对孩子的成长付出才算必须。

父母作为真正的园丁，应该努力将签字当成修剪枝芽的工具，做到润物细无声。

某日接孩子回来，刚好看到楼下有个小男孩正拿出作业本准备趴在石凳上写作业。女儿边走边探出脑袋好奇地望着，我见状顺势拉过她的手，大方地走了过去。

男孩见有人接近，有些不好意思。在女儿跟他说话的时候，我顺手翻开他放在石凳上的作业本。

从作业本的封皮信息来看，男孩比女儿大一个年级；从作业布置来看，男孩刚刚在校接触英语，个别英文单词抄写虽说不规范，但字迹还算清晰工整。相反，数学作业不仅从连续几篇的"A^-"暴露了男孩该学科的基础薄弱，页尾还有老师用红笔特意提醒家长检查签字的笔迹。

"阿姨，你别看了。"男孩大概是对自己的作业没有信心，一把抢走我翻开一半的作业本，表情腼腆地将其压在书包底下。

没经孩子同意就随意乱翻人家的东西，我的确欠他一个道歉，只是突然看到作业本上家长签字那里一直空着，不禁引起太多的思绪。可能大人的确工作繁忙，忽略了孩子的学习，又或者男孩觉得作业写得不满意，不敢拿出来给家长看。

总之，家长忙碌生计的同时，对孩子的校内作业、假期作业甚至课外作业，一定要抽出时间检查一下，以此了解孩子的阶段性学习情况。

"妈妈，老师说今晚背诵完课文需要家长签字。"女儿抱着语文书，面带微笑地朝我走来。

"好的，还有其他的吗？"我顺便问道。

"哦，还有数学测试的卷子。"相比语文学科的自信于胸，每每提到数学成绩，她都显得中气不足。

我翻开女儿的数学卷子，没有我想象中的差，但跟满分还有一点儿距离。于是，我拿起签字笔顺势写道："试卷做完要仔细检查，不要让小题的失误拉分哦。"并规规矩矩地签上自己的大名。随后，我把女儿拉到身边，先是指出她卷面的错误和改进方法，然后把签字内容声情并茂地读给她听，也顺便听听她的意见。

其实，从孩子一年级开始，我对她所有需要签字的作业都严谨对待，签阅内容也比较丰富，不仅仅限于"阅""已背"等流于形式的签字。

在我看来，一个小小的签字，是家长与各科老师交流的途径和渠道，有时是对孩子背诵过程的评价，有时是对孩子考试后的鼓励，有时向老师透露孩子学习上遇到的短板，有时是对自己教不明白的知识进行请教……

各学科老师会根据家长的签字内容，及时向我或者女儿反馈。

每个家长都希望通过自己的努力表现给老师留个好印象，并让老师对孩子多一些关注和用心。可是家长却忽略了，大多数老师最在意的不是你在家长群里拍他们多少马屁，而是家长本身对孩子的教育态度。

与其做个被人吐槽的"戏精"，不如拿出自己对教育的真心。只有家长重视孩子的学习，才能让老师对孩子有更多的关爱。况且，无论家长在作业本还是试卷上签字，表面上是完成老师下达的"任务"，实际上也是给孩子看的——无论孩子的学习表现如何，能在细节中感受到父母的关心，才会增加更多的学习信心。

虽说我们不是像明星那样到处给粉丝签名，但也不要小看这小小的签字。它不仅可以检查孩子的阅读、背诵、作业完成状况，还能利用"签字点评"与老师、孩子做好引导沟通——前提是签署的内容必须是正能量，这样才能巧妙提升孩子的学习后劲。

家长签字"完美分类"可具体了解一下。

1.直来直去型：家长可以直截了当地点评，如"课文背诵得很快、很好""考试时要认真检查""口语表达要带有语调"等。发乎情，止于礼，孩子也会对自己的表现一目了然。

2.加油打气型：鼓励是让孩子提升自信的最好利器，家长宜高频率使用。比如，"100分正在向你赶来""表现很好，继续加油"，还有"good good study,day day up"这些带有喜感的中式英语。家长不要小看这小小的鼓励，它能让孩子收获莫名的喜悦，奋起直追。

3.学霸点评型：待孩子步入高年级，家长签名也可"附赠"一些励志的诗句，如"宝剑锋从磨砺出，梅花香自苦寒来""燕雀安知鸿鹄之志""君子有所为，有所不为"等。这既能潜移默化地影响孩子的学习状态，又能让老师对学霸家长刮目相看，何乐而不为呢？

总之，家长签字时不仅要认真，还要走心，切记不能借此机会讽刺和挖苦孩子，否则你可能终身失去这个应有的权利。

知识，你学还是不学，老师都在教你；作业，你写还是不写，你都得坐在教室里；字，你签还是不签，结果针对的都是孩子。

孩子的学习之路很漫长，家长的签字之旅肯定还要继续。

庆幸自己走出一个辅导作业误区的同时，我不由得焦虑下一个问题：女儿的学习之路，还会继续带给我哪些烦恼？

第 8 节
二胎家庭的新难题

说到孩子写作业，家长有一肚子苦水要倒：在一旁盯着，怕影响了孩子；不在旁边盯着，他就三心二意，搞小动作。辅导孩子写作业，自己会气得丢了半条命；不辅导孩子写作业，他会写得一塌糊涂。真是应了那句话："爱恨就在一瞬间。"

不过，这还不算太惨，比这更惨的莫过于——带着老二辅导老大写作业。焦灼的母亲，一边对着写作业各种拖拉的老大催赶进度，一边又安抚老二的各种闹腾，想想这画面都觉得没法描述。

读小学的孩子正处于心理发展的特殊年龄段，他们虽然能够控制情感，但也会出现不稳定的情况。所以，在相对嘈杂和相对安静的环境下学习，绝对是两种截然不同的状态。

在嘈杂的环境下，别说是小孩子，就算是成年人也不容易静下心来完成工作。长此以往，就会让孩子产生易怒和厌学的情绪。

某次家长会上，老师特意传达了家庭环境对孩子学习的重要性。班上曾经有个叫小莫的男孩，上课常常走神，家庭作业也是让老师操碎了心——要么作业本上粘满饭粒和油污，撕都撕不开；要么作业本经常缺边少角、破破烂烂，以为是废纸……

这也让小莫的作业本一度成为老师眼中"最差的"。

某日，小莫被班主任"请"去办公室探究原因。小莫听到老师拿着本子向他发出质疑时，马上把"锅"甩在年幼的弟弟身上。

"书上的饭粒，都是弟弟拿手蹭上去的。"

"作业本也是他昨晚趁我不注意撕掉的。"

"我的弟弟很讨厌，他总是在我学习的时候打扰我，不理他，他就使劲地哭……"小莫一股脑儿地发泄着不满的情绪，这不仅是对家庭环境最直白的斥责，更为严重的是，已经成为他成长烦恼的一部分。

为此，老师特意找了小莫的家长沟通情况。

原来，爸爸工作繁忙顾不上家，平时只有妈妈一人同时照顾俩娃。正值淘气年纪的老二，经常在老大写作业时偷偷溜进哥哥的房间，一会儿摆弄他散落的文具，一会儿四处摸摸他的书本。如果哥哥反对，他就会不依不饶地喊叫。

虽然妈妈也会给老二"布置作业"，可看到妈妈给哥哥辅导作业时，他也会抢着"参加辅导"。这让小莫又委屈又生气，急得直掉眼泪，甚至开始怨恨弟弟的存在。

记得某次傍晚去朋友家给女儿借书，正好看到朋友家上小学三年级的女儿坐在房间里写作业。客厅电视机播放的动画片不仅声音很大，地上还有年幼的妹妹一直在姐姐的房间四处转悠。

姐姐起身把房门关上，妹妹马上一把推开；姐姐就势拿着书本往外驱赶，妹妹就一屁股坐在地上撒泼打滚。几个回合下来，姐姐顾不得有外人在场，咣的一声锁死房门。不承想，妹妹也是不好惹的，一边用双手使劲拍门，一边大声喊叫："姐姐开门，姐姐是个坏姐姐。妈妈，我不要这个坏姐姐……"

忙于煮饭的妈妈，焦急地守在油锅前扯着脖子朝孩子一遍遍地大喊："妹妹不要打扰姐姐写作业！""姐姐别使劲凶妹妹！"妈妈除了喊这些话，貌似别无他法，家里已然乱成一锅粥。

老大做作业期间，老二频频打扰，是每个二胎家庭都面临的问题。如果家长处理得不够巧妙，不但会让老大无法集中精力认真学习，还会影响两个孩子的相处关系。

自从二胎政策放开后，家中有老大要上学极易遇到各种问题。

一位同是二胎妈妈的老师，结合本班学生情况做了如下分析：第一，因为二孩的介入，父母无法对老大保持以前那种充分的关注，缺少了亲子陪伴，极易使老大的心理状态不平衡，引发各种叛逆问题。第二，受二孩影响，有些原本安静的家庭环境变得嘈杂，老大学习不能集中注意力，错过学习习惯养成的黄金时期。

当然，不是说所有二胎家庭都会遇到这些麻烦，只要父母事先做好充足准备，老大的学习表现也会很优秀。

首先，家长要为在读的老大提供安静独立的学习空间，让他能在家里静下心来学习。这也是很多二胎家庭提前置换大房子的原因，不仅确保两个孩子日后能有独立的生活空间，还能确保两人日后学习不被互相打扰。

其次，家长要尽力做到"两孩兼顾"，不能因为有了老二琐事增多就忽视对老大的关注和陪伴——特别是对于小学低年级的学生，正是各种良好学习习惯养成的好时期。

父母尽量能有一方抽出时间，在辅导孩子学习的事情上搭把手，通过观察孩子的学习状态、检查家庭作业等，及早发现存在的问题并加以解决。

最后，引导老大树立榜样。其实，有二胎的家庭，两个孩子都会互相模仿、互相影响。美国哲学家桑塔亚说："竞争的本能是一种野性的激励，一个人的优点通过它从另一个人的缺点上显示出来。"

如果家长重视老大在生活和学习上的习惯培养，就会无形中给老二树立很好的榜样；如果老大在家庭生活中总受委屈，造成性情上的叛逆，老二同样容易出现烦躁、易怒的情绪，并逐渐演化到两个孩子相看两厌的地步。

二胎家庭中，良好的同胞关系应该是互相关心、互相帮助和互相接纳。

第 9 节
一张刺眼的红喜报

数学是思维的体操，运算能力是数学思维的重要一环。其中，口算在数学中一直占有十分重要的地位，不仅能培养学生的逻辑思维能力，还有利于培养学生的记忆力、注意力，提高数学学习兴趣等。

为此，数学老师一直呼吁家长注重提升孩子的口算水平，因为小学是训练学生口算和心算的黄金时间。

可我每次跟同龄孩子的家长微信聊天，都能隔着屏幕感受到大家的怒火冲天。

好多孩子认为："口算不就是普通的加减法吗？比起烧脑的奥数题不知要简单多少呢！"于是，孩子做题时便会出现态度不端正、还没看清数字就急着填数、验算检查不耐烦等现象，口算错误率让辅导作业的妈妈一次次地惊掉下巴。

女儿麦兜现在是一枚可爱又清新脱俗的二年级小姐姐。在我眼里，她努力刻苦，不贪玩，除了数学成绩像坐过山车一样忽高忽低，其他好像没有太多的缺点——抓得紧些，成绩还能说得过去；要是一放松，分数就掉了下来。

每次，她跟满分的差距仅仅是几道口算题。和其他焦虑的家长一样，每次单元测试后，我随时都等着接受孩子的当头一棒——面对无法培养孩子口算习惯的不知所措，看到分数时的怨怼消极，甚至对孩子感到失望和产生怒气。

有励志文章说，孩子的数学思维决定他的人生格局。

为了让女儿的数学思维快人一步，我必须把握好起跑线。有段时间，提升女儿口算的精准度成为我狠抓分数的第一步，却发现自己实在"太难了"。

每天要求女儿做两页口算习题，她总是敷衍了事，要么边做边玩，要么笔尖停在书本上半天也写不出一个数字；要求她每天背诵一遍乘法口诀表，结果口算题稍有进步，应用题的算式得数依旧屡次出错。

蒋晨霄琳/画

为了提升女儿的运算水平和速度，我迫不得已使出杀手锏，就是采取计时的方法，让时间的小鞭子抽着她走。结果用力过猛，时间的小鞭子一度把女儿抽到厌学，差点儿把我气晕。

"你总是以成年人的思维逻辑引导孩子，她怎么可能听你的？"某日，在我又一次面对女儿"纹丝不动"的答题状态，彻底绷不住脾气的时候，她的父亲又习惯性地来一句"补刀式育儿"。

之后，我选择冷静思考，为什么一道两秒时间就能完成的计算题，在小孩子的眼里就这么难？

于是，我把各种网购的口算题卡放到一边，尝试新的"提优"方案来激发女儿对口算的兴趣，即下载口算答题软件。

很快，女儿的学习兴趣就上来了，从被动学到主动学，计算速度也得到了提升。

一个个第一次，就像一个个文字，留在童年的记事本里；一个个第一次，就像一个个脚印，印在孩子成长的道路上。

期末时，女儿异常兴奋地告诉我："妈妈，告诉你一个好消息，我得奖了。你猜猜是什么？"说到这里，女儿故意留了一些悬念。

其实，我早就看到一张"二年级口算比赛"的获奖喜报刷爆朋友圈。数学老师说，女儿不仅在 10 分钟完成了 130 道口算题，还代表班级荣获了二等奖。

望着家长群里那张闪瞎眼的"口算二等奖"奖状，我不禁思绪万千。是我多少天日复一日、不间断的辅导与陪伴，从目睹孩子对数学口算的排斥到耐心动员她重拾信心，再到想尽一切办法提升她答题的精准度……

然而，时至今日再提笔，已经没有那么多对孩子充满不解和怨念的心绪可言。毕竟，她日复一日的学习似乎已简化了这一切，慢慢捋顺我曾以为她学习得一塌糊涂只能默默压在心底的辅导历程。

女儿说，不仅同学羡慕她得了奖，这次比赛也使她信心大增。

口算练习本身就是一件比较枯燥的事，孩子往往提不起兴趣，也出现许多不良的计算习惯。如定性不好，即使短短 5 分钟也集中不了精神，容易分心。或者喜欢玩玩写写、抓耳挠腮，不看清数字就计算，如把算式中的"3"看成"8"，把"＋"看成"－"。

特别是一碰到混合运算，孩子就会产生烦躁和排斥的心理，表现得极为不耐烦，不认真审题，不细心计算，从而导致口算出错。

那么，如何训练孩子的口算能力呢？

1. 培养会"看"的能力。

口算中常常出现的不是看错数字，就是看错符号。因此，做题前先让孩子学会认真看题，再下笔答题，这是保证口算准确的前提。同时，督促他自觉验算、检查。

2. 确定答题的运算步骤。

可以按照老师教授的拆分法，带着孩子顺利攻克 10 以内的加法。比如，10 可以分成 2 和 8、5 和 5、4 和 6，待完全摸清基本运算规律后再练习 10 以内的减法。

顺便提醒家长，因为减法是加法的逆运算，孩子做减法需要绕一个大弯，千万不要唠叨他做得慢。等熟练之后，再练习 10 以内的加减混合运算，根据孩子的口算基础进阶到 20 以内、30 以内。

3. 丰富口算形式。

多做多练是前提，但要保证孩子对学习的新鲜感。比如，适当借助口算应用软件，通过游戏比赛的形式激发孩子快速口算的兴趣。

家长不要被眼前的难题困住，而影响对孩子的判断。事情总要发展，我们终归要带着孩子向前走——不论是走出泥潭，还是走进另一个泥潭，这都是常态，但我们不会永远驻足于此。

世上有两种最耀眼的光芒，一种是太阳，一种是孩子努力学习的模样。

/第三章/ 成长关键词：思考

别抱怨了，孩子的思考能力可以培养出来

第1节
孩子上课"听不懂"怎么办

身边很多家长在辅导孩子作业或"调查"孩子考试分数差的原因时，总会听到孩子支支吾吾地说很多，总结一句就是"上课听不懂"。

"回家写作业时，问孩子今天课堂上学了什么，结果一问三不知。""每次考试完，明明题目很简单，孩子却说老师没讲过……"从家长的视角来看，孩子听不懂课，轻则归咎于他的基础不好或上课开小差，重则归咎于老师讲得太快。

老师也在办公室大声喊冤："我课上讲得够清楚了，为啥总有几个孩子理解不了？"

不得不承认，若是孩子每天上课真的有大量的内容听不懂，对他们来说也是一件非常具有挫败感的事情。老师在讲台上面一个劲地讲，孩子在下面一个劲地发呆，空洞的眼神完全不知老师在说些什么。想一想，这课听得真是不容易——上课40分钟如坐针毡，还得装出一副认真的样子。

这也是学生在学习中遇到的共性问题，只是因家庭教育不同，类似的"听课困难户"在个别同学那里被放大了而已。

某日，我接女儿放学，在校门口遇到她几个同学的母亲，大家七嘴八舌地聊起家里的熊孩子。

小桐是个顽皮的男孩子，自入小学开始，任凭焦虑的母亲动用 N+1 种"催花"手段，学习成绩依然在班里垫底，所以妈妈气急了就叫他"不开花"的孩子。

前一天，小桐妈妈就因小桐上课听不懂、作业完成质量不好，被老师请去办公室沟通孩子的学习情况，掐指一算这已是开学以来的第三次了。

小桐平日变着花样地让妈妈请假已经让她头大了，结果听着老师描述儿子的上课状态，更让她伤透了脑筋。比如，小桐觉得这节课没意思，就不认真听讲，或是听一会儿就不自觉地东看看、西瞧瞧，要么就是小动作不断，无论桌面上摆着什么都能玩半节课。

每次老师发现小桐走神的时候，都会实名提醒。可坚持的时间并不长，要不了一会儿，小桐的眼神又变得发散、空洞。

为了纠正孩子的这个坏毛病，小桐妈妈在老师的建议下想了很多方法，毕竟小学是打基础的阶段。比如，与儿子谈心并约定，如果表现好就会得到奖励，可每次小桐都坚持不了两天。

由于没听懂老师讲的内容，或者听课注意力分散，内容衔接不上，每当写作业卡壳时，小桐便将听不懂的问题归结于老师讲得太快。

另一个家长同样很焦虑，她的女儿在家里学习很认真，每天让学到几点就学到几点。虽然看起来孩子学得很辛苦，但成绩总是体现不出她"努力"的结果，每天写作业花费很长时间不说，就连数学课本上的例题都要琢磨好久。

问其原因，孩子的回答依旧是上课没听懂。妈妈每次都鼓励她不懂就问，可孩子却说："我不敢，怕老师和同学笑话。"

心理学家阿巴拉森总结过"个体如何慢慢陷入绝望"的心理学理论：当一个人遭遇类似的负能量生活事件后，如遭遇上课听不懂这样的情况，如果个体认为这样的事情会持续发生，无法改变，对自己造成全方位的糟糕影响，就会产生无助感，产生崩溃的想法。

这种慢性的痛苦，可能会成为孩子巨大的压力来源。

作为家长，我们经常遇到这样的问题："孩子上课没听懂，怎么办？"

不过，在讨论这个问题前，我们要清楚：听懂了，并不等于理解和掌握。

排除孩子上课溜号等导致的听不懂，多数孩子所谓的"听懂"可能也只是停留在理解的程度。如果不及时巩固复习，再涉及相关知识举一反三的时候，就变成了"听不懂"。

我的女儿就出现过这样的现象。

如何解决孩子上课听不懂的问题，需要家长具体问题具体分析。

1. 老师讲课进度快。

老师不会为了个别听不懂的孩子特地减慢教学进度，对此，家长无法改变老师的授课风格，那就需要先改变自己——最重要的是自己下功夫，带着孩子提前预习，这样孩子才不会在课堂上对讲课内容"毫无知觉"。

2. 孩子缺乏自信心。

有些学生因阶段性学习成绩垫底得不到老师的重视，内心会有小失落，以致听课不用心。家长要及时给予孩子安慰和鼓励，毕竟孩子此时的精神压力比家长还要大。

3. 上课注意力不集中。

俄国著名教学专家乌申斯基这样评价注意力："注意力是我们心灵的唯一门户，意识中的一切，必然都要经过它才能进来。"

有些孩子上课不认真听讲，可能真的与"不值得定律"有关。这一规律反映出人的一种心理：如果你认为自己从事的是一件不值得做的事情，往往会保持敷衍了事的态度。孩子听课也是一样。

总之，家长一定要悉心找出孩子上课注意力不集中的原因，是被同学所干扰，还是受家庭环境的影响，或是真的厌学，慢慢帮其排除干扰因素。

家长辅导孩子作业时，也可利用碎片时间，将孩子当日所学内容进行归纳和总结，并根据知识点举一反三，加以巩固，避免在接触新课内容时使新旧知识出现断裂，无法顺利衔接。

被动学习和主动学习最大的差别在于：被动学习是被父母、老师盯着或催着，这种感觉看似有些不爽；主动学习则是自主带着问题学习，会感觉非常有成就感，因为一切尽在自己的掌控中。

第 2 节
懒，是对大脑的"侵略"

独立思考的品质，在人的一生中占据着十分重要的位置。如果孩子拥有独立思考的能力，就会善于发现问题，并能通过思考和分析找到答案。

在现实生活中，许多孩子写作业时不愿意动脑思考，动不动就喜欢喊妈妈（爸爸）帮忙，这是很多辅导孩子作业的家长面临的最大难题。大部分家长的态度是马上回应孩子的求助，给出正确答案。

孩子出现上述情况时，在很大程度上是因为他还没有养成自主思考的能力。当他不具备这种能力的时候，自然不会有自主解决问题的习惯。

意大利教育家蒙台梭利说，我们成年人最喜欢做的一件事，就是把自己扮演成上帝。尤其当孩子寻求帮助的时候，成年人会急切地想对他施以援助。于是，糟糕的父母永远都喜欢替孩子思考。

女儿聪明好学，但她也有个间歇性发作的坏习惯，就是不爱动脑子。比如，她写作业时经常会爆发让人崩溃的场景：

"妈妈，这道题怎么做啊？"明明一道很简单的数学题，她却要抱着本子追着我要答案。"妈妈，这个'壳'字还可以怎么组词啊？""妈妈，××字该怎么写啊？"就连让她信心十足的语文作业，也是动不动就倚着门框朝我探头探脑地问……

总之，女儿一写作业就习惯性地叫妈妈，让我甚是心烦。她做作业时这个不爱动脑子的坏习惯，经常牵动我发火的神经，如何摆脱这种烦恼成为我迫在眉睫要解决的问题。

为了培养女儿善于动脑筋的习惯，每当她提出问题时，我都尽量启发她认真读题，先逐字逐句地分析数学条件，再运用学过的知识一步一步解答，或者通过查阅课堂笔记、字词典来寻找答案。

慢慢地，我终于摆脱了女儿写作业时习惯性喊妈妈的烦恼。女儿也会在解决问题之后，不时向我炫耀成就感。

都说爸爸回家早，孩子学习好；只要爸爸肯辅导孩子作业，孩子学习肯定错不了。事实是，平时不怎么管娃的爸爸，偶尔来个"诈尸式辅导作业"，没准就把妈妈辛苦给孩子树立的规矩毁了。

今年假期，我突然发现女儿那个不爱动脑筋的毛病又"复发"了，且有个休假在家的爸爸在帮她"治"。

"这么简单的题都不会做，看我给你列算式啊！"碰到女儿不会的数学题，爸爸会立马走到她面前，拿起作业本把解题步骤写出来；字不会写，爸爸立马一笔一画地写在草稿纸上。

思想上再次养成对家长的依赖，以至于女儿刚培养了两天半的独立思考能力又下降了。

美国教育学家陶森说，即刻的帮助，等于贬低了孩子的智慧。允许孩子思考，从错误中领会正确，从迷惑中获得正解，开启的不仅是孩子的智慧，更是让他们学会与偷懒交锋。

孩子写作业时，若是因为懒屡次得到父母的"慷慨相助"，不但会让老师无法检视自己的教学成果，孩子也会失去自我提升的能力。

这看似给了孩子解决燃眉之急的答案，却忽略了培养他独立思考的能力。在孩子刚开始向家长提出疑问时，他的大脑其实也是在思考的，只是有时很爱走捷径，不自觉地用最简单的方式去做。因此，一旦家长告诉孩子答案，他的小脑袋就会停止思考。

因此，培养孩子的思考能力，父母首先要做出改变，给孩子独立思考的空间和环境，把思考的权利还给孩子。

1. 激发孩子的好奇心。

孩子之所以不爱思考，多半是好奇心遭到打击，可能之前他写作业时做错了题，于是遭到家长的斥责。或者是孩子平时提了一些没头没脑的问题，家长没有互动，不予理睬。

孩子的好奇心是一种难能可贵的品质，更是他主动思考问题的源头。对此，家长要注意保护，鼓励孩子勇于试错，善于提问，时刻保持探索精神。

2. 让孩子学会独立。

家长操的心多了，孩子动脑自然就少，独立思考能力就得不到应有的锻炼。当孩子写作业寻求帮助时，家长要适时而动。比如，观察他的神态，如果对着作业本蹙着眉头凝眸思考许久，那也许真的遇到了难题。

当孩子找我们"要答案"时，家长不能不理不睬，若是引导方式不对，孩子就会受到打击。当他再遇到困惑时，就会想着"要答案""抄答案"，或者看家长脸色行事，而不会独立思考。如果孩子写作业时机械性地"喊妈妈"的次数比较频繁，也许他的脑子真的需要独立开发和训练。

3. 警惕校内打击。

一些孩子因平时成绩不好，同学就笑话他，因害怕对比和竞争以及重复的失败和被否定，他会出现习得性无助。

美国心理学家塞里格曼在研究动物时，用小狗做了一个经典实验。他把狗关进笼子，只要蜂音器一响，就给它电击。小狗到处乱窜却逃不出去，多次试验后，它不但不找笼门出逃，反而在蜂音器刚响时就绝望地倒地呻吟和颤抖。

习得性无助的孩子，就跟这个实验的结果一样非常可怜。父母要学会接纳孩子的不足，经常带着孩子讨论、解决问题，慢慢创造机会，激发他的学习兴趣。

不希望孩子写作业时太过依赖家长，就把机会留给孩子，让他自己思索。否则，不爱动脑思考的孩子，越长大就越没有自信，就越不敢前进。

第 3 节
有一种痛，叫陪孩子做应用题

　　如今小学生的家长，多半体验过应试教育带来的惨痛经历。于是，一些家长不断为减轻孩子的作业负担奔走呼号。不过，孩子的书包不仅没减轻多少，家长自己反而要跟着孩子再学一遍。

　　辅导过数学作业的家长，内心都不太好受。别管家长有多么强大的背景和资源，辅导作业时才知道自己拼的只有一样，那就是智商。

　　相信此话一出，能引起很多家长的共鸣：

　　"我家孩子做应用题的时候，总是读不懂题。"

　　"我女儿数学计算还可以，但应用题太差了，马马虎虎的，老是做不对。"

　　确实，很多头脑看似灵光的孩子，一遇到应用题就不知所措，特别是女孩子，往往表现得很排斥、很慌张。

女儿上学的第一年，我为她的数学操碎了心。

大概是公立学校的教学压力不大，女儿的作业特别少，放学后依然逍遥快乐地玩耍。她的数学底子不太扎实，计算题屡屡出错，速度也跟不上；应用题不会分析题意，半天也拐不过弯，明明很简单的一道题却错得一塌糊涂。

多次单元测试后，女儿的数学分数让我分分钟崩溃。好在老师仁慈，并未把她列入"拖后腿"的后进生行列，每每都会给我一些实质性的建议或推荐一些提升数学思维、兴趣的益智书籍。

"她的数学，你要想办法抓起来，一年级就中等偏下，以后就会更吃力。"每次交谈到尾声时，数学老师都不得不隐晦地提醒我要注意孩子的学习方法。

有一段时间，我几乎将整晚时间都用在恶补女儿的应用题上。当时，老师发来一个关于怎样学习数学的帖子，并建议我按照上面的方法尝试下，看看有没有效果。

我参考数学教参，和女儿一起再次复习了课本知识。刚开始不做卷子、不刷题，只是单纯地巩固和复习课本知识，特别是应用题的内容。

我先让女儿反复读题，一直读到可以理解问题。读题的好处就是，在读的过程中，孩子学会思考和分析的能力。逐字逐句、一字不漏地读完题目后，试着找出题中给出"带数字"的条件，最后看看问的是什么，并将相关题型的数学公式反复抄记，做到倒背如流。

待孩子的理解能力提升后，开始尝试"题海战术"。虽说我没期望女儿的进步有多大，但多少还是有效果的——每当女儿把例题做出来时，我瞬间爆棚的成就感是无法形容的。

那一刻，我天真地以为，女儿的思维真的被我"叫醒了"。事实上并没有，如果相同的题型，我再换一种表达方式就又不行了。或者一拿到题能立马想到答案的就会写得飞快，遇到稍微绕弯的就不肯动笔。

"你这是在教女儿死记硬背，根本没搞懂数学原理。"关键时刻，孩子爸爸开始指责我的错误，说得我心中不免痛恨难忍，但"猪队友"的话也算有些道理。

很多孩子的应用题学不好，主要是在低年级没有打好基础。家长教的时候多半靠灵感，却不懂技巧。随着应用题难度的提升，直接靠套用公式来解题的孩子，会完全乱了阵脚。

低年级的应用题更多倾向于计算问题，真正涉及数学抽象内容理解和归纳的很少，家长辅导起来也相对容易。不过，要想让辅导真正地见到效果，还要注意思维引导的技巧和方法。

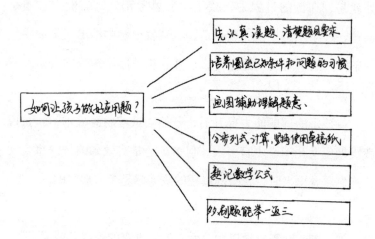

如何让孩子做好应用题？
- 先认真读题，清楚题目要求
- 培养圈出已知条件和问题的习惯
- 画图辅助理解题意。
- 分步列式计算，鼓励使用草稿纸
- 熟记数学公式
- 多刷题能举一反三

1. 帮助孩子理解数学词汇的字面意思。

很多孩子解答应用题时遇到的最大障碍，是不能正确将字面意思变成一道算式。

低年级数学有大量的应用题，它检验的不是孩子的数学能力，而是对词汇的理解能力。也就是说，虽然字都会读，但语文理解能力不够，除了必要的人名、地名，所有已知条件都应像语文阅读理解一样做好必要的圈点，帮助孩子更有效地提取信息。

2. 让孩子讲出思考过程。

数学应用题所运用的公式，其实只是用来培养孩子逻辑思考能力的工具，在辅导孩子做题时为防止他们生搬硬套，可以抽查他们的做题思路。如果表达清楚，说明思路比较清晰，真正做到了活学活用。

3. 善用画图来解决问题。

低年级孩子解答应用题时，很难单纯通过文字表述来展开抽象思维。所以，家长辅导的重点要倾向于形象化，那样才能帮助孩子更好地理解。比如，画"方饼图""线段图""倒退图"等，可以直观地帮助孩子理解题意，找出数量间的关系，从而轻松解题。

如何才能看出孩子很好地掌握了知识点呢？比如说一道题，家长讲完后，孩子能立马举一反三；帮他捋清思路后，他能立马解答出来并且是正确的。这些都能让我们充分获得成就感。

当然，每天不停地给孩子灌输"鸡汤"，告诉他数学多么有趣，或者讲一些数学逆袭的学霸例子给孩子听，也很有必要。总之，辅导孩子时，家长要耐心一些，绝不能没教会还破坏了孩子学习应用题的兴趣。

其实，解题套路并不深，但一定要认真。如果有人说世上没有比爱情更复杂的东西，我绝对要把辅导过的数学应用题甩在他的身上。

第 4 节
鼓励孩子多当"小老师"

德国教育家第斯多惠说："如果使学生习惯于简单地接受或被动地学习，那么任何方法都是坏的；如果能激发学生学习的主动性，那么任何方法都是好的。"

这变相提醒我们，家长在辅导孩子作业的路上绝不能"一招鲜，吃遍天"，必须根据实际情况变换方式，调整孩子的学习心态，让他主动参与到学习中来。

很多家长辅导孩子作业时有这样一种感受，觉得孩子对知识的理解似懂非懂，学得不够扎实；或者孩子知道怎么做，却不知道为什么要那样做；或者当时看起来会做，过几天又不会了。

这大多与孩子没有真正弄懂知识有关，只知道照葫芦画瓢。若想让孩子真正吸收内容，让孩子充当"小老师"给家长讲题倒是个不错的方法。

有段时间，女儿面对我每日布置的课后作业，完成得很机械化——每天 50 道口算题、3 道应用题、1 篇阅读理解……

我和大多数家长一样，希望以这种方式让孩子熟能生巧。但这种"赶鸭子上架"的刷题方式，不仅让孩子在学习中过于被动，失去提升自我的心态，还让她对额外的学习任务越来越排斥。

直到有一天，女儿终于蹙着剑眉、噘着嘴，对着眼皮子底下的各种习题揭竿而起："妈妈，我不想每天做那些题了，好烦啊，可不可以把它讲出来？"

女儿一直有个特点，喜欢充当小老师给我或者小伙伴上课。每次在楼下玩时，她这个"瘾"就蹿上来了，经常拉拢一些小朋友围起来，然后迫不及待地模仿老师的姿势和语气给大家讲授新学的知识。就算周边有其他小孩围着他们嬉笑疯闹，她也完全不受影响。

"好啊，但只能是应用题，刚好妈妈不懂怎么做，就请'老师'把步骤讲给我听吧。"虽说我还是希望女儿能顺利地把作业写完，那样我才算安心，但看在女儿没有完全一口回绝的份儿上，我便顺坡下驴，用非常诚恳的语气接受了她的建议。

当时，女儿试讲的第一道是有关"种树"的应用题，也许是准备不充足，不但题读得不流畅，讲着讲着还断片了。我鼓励她先根据题意梳理好思路，再画图、列出算式并解答，分成小目标来讲，既统一了概念，又不容易使听者混淆，利于记忆。

两次调整后，女儿的讲课思路明显清晰了很多。

由于当时家里没有白板，我便建议女儿将一张 A4 纸用磁力贴黏在冰箱上，学着老师的样子边写边讲。就这样，两道颇具代表性的应用题，在女儿严谨、完整、有逻辑的语言表达下，解题思路清晰呈现出来。

之后，我还买了一块白板，专门用作她讲题用。

正如卡耐基所说：一两重的参与，胜过一吨重的说教。一个人只能记住听到东西的 10%、看到东西的 20%、说过东西的 40%、所做事情的 80%，所以，与其花费大量时间让孩子记住 10% 的知识，不如花同样的时间让孩子记住 80% 的知识。

捷径就是让孩子给家长讲题。孩子在当"小老师"的过程中，会加深对知识的理解，将自己本以为学会但不够清楚的知识，又重新梳理一次并融会贯通。

这也是网上讲到的一种非常好的学习方法，叫"费曼学习法"。其核心步骤是，在孩子将学到的知识给别人讲授的同时，也会精准地发现自己的知识盲区，并通过讲授巩固自己的薄弱之处。

很多辅导孩子作业的家长会发牢骚，为什么自己费了洪荒之力给孩子讲了一遍又一遍，他们却总是听不进去。其实，父母在家里也可适当给孩子创造当"小老师"的机会，引导他们讲出来。

1."装傻"提问能调动孩子学习的积极性。

每个孩子在学习过程中都存在惰性，父母发现孩子的问题时，与其说教，不如"装傻"提问。以学习者的姿态引导孩子主动思考，让孩子觉得自己有能力帮助父母解决问题。一旦激发他的荣誉感，学习积极性自然会提升，自信心也能培养起来。

2.听课时不要对孩子指手画脚。

孩子讲授期间，很多家长担心他讲得不好会引起大家的讥笑，看到他的不足之处便立马打断并纠错。这不但会影响孩子的整体思路，还会让孩子觉得自己不被信任和尊重。

家长与其指手画脚，不如跟着孩子"将错就错"。这样孩子在发现问题后，便会乐不可支地帮家长纠正。这时，家长再适时提醒孩子刚刚出现的问题，并让孩子愉快地自我纠错。

3. 家长要认真配合。

在孩子当"小老师"讲授的过程中，家长不要将其当作儿戏，要么边玩手机边听态度不端正，要么觉得纯粹是为了配合孩子的演技而假装在听。一定要把自己定位成孩子的"学生"，跟着他的思路走，适时对相关知识提出问题，让他觉得自己被重视，也能为他在课堂上认真听讲树立榜样。

4. 及时表扬孩子的优点。

孩子刚开始讲授时可能会表现出各种不足，比如思路不清晰，语无伦次，声音小得让人听着费劲，或者说了半天也没说到重点。这些都不是大问题，家长不要指责和批评，而要给予充分的鼓励并及时表扬，让孩子能够勇敢地讲出来。

总之，若想辅导好孩子的作业，能调动孩子积极性的演技不能少。

第 5 节
在生活中培养数感

数感除了体现在数学教材中，生活中也是随处可见，比如买菜、数数、看时间、查距离……

《义务教育数学课程标准（2011 年版）》指出：数感主要是指关于数与数量、数量关系、运算结果估计等方面的感悟。建立数感，有助于学生理解现实生活中数的意义，理解或表述具体情境中的数量关系。通俗一些地说，数感贯穿学科与生活，让孩子对数字的运用具有灵活性和创造性。

那么，上学时那些数感不好的孩子，后来会怎样呢？很多辅导过孩子学习的家长表示，孩子的数学成绩随着年龄的增长越来越不稳定，分数忽高忽低。很多孩子低年级时分数还可以，但随着年级升高便开始直线下滑。这便与数感脱不了干系。

女儿 8 岁了，特别喜欢阅读，公正地说，她是一个智力中上的孩子。

虽然女儿跟着我用"野路子"学了一段时间的应用题，但进步非常快，只是一看到数学题，心情就不太美丽。比如，我随便问个两位数的加减法，她从没有很爽快地回答过。

记得学"认识人民币"那会儿，看到女儿的智商随时被"1角钱"碾成渣渣，那种被辅导作业支配的恐惧，一度让我欲哭无泪。

虽然我们在平时生活中也会接触人民币，但真正在课堂上学起来，却让人非常晕头转向。尤其是涉及人民币单位换算以及购物找零的应用题，更是让女儿彻底蒙圈——她明白10角等于1元的单位换算概念，换成问她13角等于几元几角时，我的焦虑就分分钟被她逼出来。

再如学习认识钟表时，我好不容易帮助女儿掌握了表面上重要的两根针的相关知识，为此还拆烂了三个道具表盘。但一涉及换算时间，我就又含着泪唱起"独角戏"。别看她现在看起来云淡风轻，那都是我对牛弹琴了很久才换来的灵魂开窍。那时，来自心中的"硬壳"执念告诉自己：哪怕娃娃是个傻子，我也要跪着把她教会。

但只靠填鸭式灌输和重复性刷题是培养不出数感的，那样只会让孩子渐渐地倾向于使用记忆力，而不是学会运用计算能力。只有让孩子充分理解数字之间的关系，他的数感才会越来越好，做题能力也会越来越强。

抛开应试学习的压力不谈，孩子在各个阶段都有特定的敏感期。有研究专家指出，培养数感的最佳时间就是学龄前。"中国奥数第一人"孙路弘老师说："妈妈在日常生活中找到自然而然的机会来激发孩子学习数学的兴趣，就是最好的数感启蒙。"

我承认，因为自己的认知盲区，女儿的数感启蒙被我耽误了。著名数学家毕达哥拉斯说："万物皆数。"这句话充分证明了数感启蒙对孩子日后学习的重要性。

1. 数感能使孩子的思维更敏感。

我们知道，逻辑思维能力是孩子学习数学的基础，只有思维活跃，大脑运转清晰，才能更加深入地玩转数学概念。

2. 数感能帮孩子探索身边的一切。

一个数感好的孩子看到 98 这个数字时，不仅会想到它是"90 + 8"，还可以是"100 − 2"或"49×2"，使得他遇到类似的计算题，可以不停地探索数与数之间的各种关系。

3. 数感可以提升孩子的抽象能力。

在人的各项思维活动中，抽象思维是最难培养的。众所周知，学习数学不能死记硬背，而是需要不断演算和推理。数感好的孩子，在学习过程中会比其他孩子更加收放自如。

现在，家长辅导作业时，可以做些什么来培养孩子的数感呢？玩是孩子的天性，数感完全可以在玩的过程中建立。美国著名心理学教授威廉·詹姆斯博士认为："游戏是动物的本能，要善用游戏的方式训练孩子的头脑。"

1. 多跟孩子一起数数。

其实，数感是数学启蒙的第一步。我们不一定要让孩子硬性去数数，而应该让孩子把数字和真正的生活联系起来。

父母可以利用碎片时间陪着孩子一起和着节奏数数，先是妈妈和孩子依次轮着数，每人只数一个。随着数感的增强，再每 2 个或者 5 个地往上数。爸爸还可以跟孩子比赛倒着数，逐步提升孩子对数字的感悟水平。

2. 鼓励孩子理论联系实际。

购物时，让孩子学认价格签，通过结算掌握钱币的常用单位和换算方式；学习时间时，鼓励孩子每天学着"报时"并做好时间管理，如几点起床、几点睡觉等，都能强化他对数字概念的了解。

3. 认识数学符号与数量的关系。

这时要建立数字之间的逻辑性，可以拿食物来练习。比如吃糖果时，让孩子数一数一共有多少颗，吃了多少颗，还剩多少颗。这就是建立数字逻辑的过程。

数感的形成是一个潜移默化的过程，需要家长在生活中逐步加以培养。毕竟，数学来源于生活，又应用于生活。

第 6 节
调动孩子学拼音的积极性

一口流利标准的普通话，会让人自带优雅气质。可惜日常生活中，总有一些人因拼音学不好，普通话说得一般。学拼音，便成为当下孩子学习生涯中重要的一道坎。

不得不说，如今有娃的家庭，几乎墙壁上都会挂着一套"汉语拼音有声挂图"。与拼音相关的各种"大卡"，各位妈妈也是买了一版又一版。结果如何呢？升到小学的孩子，有些依旧认不全拼音字母，存在拼不对音节、读不准拼音的现象。那些看似简单的汉语拼音，在孩子眼中却成了难懂的"象形文字"。

刚入一年级的孩子，不仅要让自己在规定课时内掌握拼音字母的书写，还要学习各种声调的发音，并能灵活运用双拼、三拼及各种拼读规则。对孩子而言，这的确有些难度。为了帮助自家娃追赶进度不掉队，家长只能利用辅导功课的间隙，靠仅有的语感勉强教学。

说起辅导小学生的拼音，每个家长都深有体会——没想到，拼音居然能成为孩子学习语文之路的第一个"坑"，连带着把家长也坑得不轻。

作为中国传统文化的传承，拼音的辅导难度不必多说，毕竟有些大人可能至今连 ai、ei、ui 都傻傻分不清。

"都学了一个多月，孩子还是记不住字母表，分不清声母、韵母和整体认读音节……"胖胖是女儿幼儿园的同学，有一次跟他妈妈在微信里聊天，她说最近为了辅导孩子学习汉语拼音，发际线都开始"向后转"了。

最近几次的拼音单元测试中，胖胖几乎每次排在班上的倒数。老师也被折磨得条件反射，一见家长来接孩子，便甩去那句老话："家长回去抓紧带着孩子练习。"可她每天就算抓破头皮，也没能纠正儿子的"散装拼音"。

幼儿期间，我们接受的都是清一色"蒙氏教育"。从幼儿园到小学，相比其他幼小衔接得不错的孩子，拼音悟性不好的孩子，可能适应起来弯度相对要大一些。

胖胖妈说，儿子刚开学那段日子，由于刚接触拼音，学起来特别痛苦——拼音字母常常咬音不准，好不容易从牙缝里挤出一个字母，却发现读法错误。若是遇到二拼和三拼音节则更加吃力，总是张冠李戴。

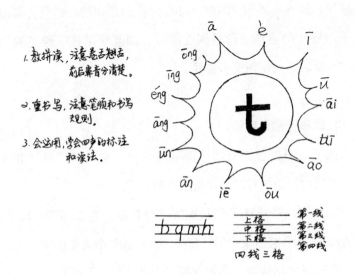

"我都要被他逼疯了，一个'o'总是念成'wo'。"每次辅导拼音，胖胖家都以母慈子孝开场，孩子眼泪汪汪结束。有时读了不到10分钟，孩子就开始情绪崩溃，号啕大哭："妈妈，我不想学拼音了。"

可吵归吵，闹归闹，作为长期奋战在辅导一线的母亲，还得忍受血压随时飙升的可能，陪着孩子厮杀到深夜。胖胖妈在微信里无奈地对我说："谁让这孩子是咱亲生的呢！"

"善教者，师逸而功倍；不善教者，师勤而功半。"拼音是识字的基础，更决定了孩子今后的语文功底。

在学校，老师为活跃课堂氛围，使严肃的授课方式活泼化，把枯燥的学拼音兴趣化，孩子终归接受得快一些。家长亲自辅导，就不具备相应的学习环境，他们急切的心情只会催促孩子一遍又一遍地进行机械性练习，却忽视了孩子眼里的厌倦，使学习这根皮筋失去弹性。

1. 跟孩子初识字母。

孩子学习拼音需要循序渐进的过程，家长既然要辅导孩子，就要对汉语拼音的基本框架有所认识。

家长可以带着孩子先从重温字母开始，将 23 个声母、24 个韵母和 16 个整体认读字母归类，再打乱每个大类的字母表，多抽查孩子大声认读，多指导孩子规范书写，做到真正的熟悉和掌握。

2. 多训练简单拼读。

拼读是家长和孩子必须攻下的一个山头。有些孩子，字母可以学得很溜，到了需要拼读的内容多半就卡住了，这便需要多加练习，熟能生巧。

与身边的家长聊天发现，大部分孩子的拼读难点是无法将零碎的拼音字母与汉字发音联系起来，教拼读的时候，必须强调发音，一般四个音调都要拼读。

孩子通过学习拼音字母、字母组合的常规读音规则，才能更好地建立与汉字的对应关系，达到看字就会读、听词就会拼。

3. 巧妙利用碎片化时间。

家长引导孩子学习时，不一定非要把孩子板板正正地按在眼皮子底下来监督，那样孩子不但有心理压力，家长也会越来越焦虑。

学习可以不分朝夕，拼读也可随时随地。比如，接送孩子上下学的途中，可以就路上看到的物体、广告牌或者熟悉的人名开展亲子拼读游戏，让孩子出题、家长拼读，或者家长出题、孩子拼读，都能提高孩子参与的积极性。

4. 家中常备拼读读物。

针对拼音薄弱的孩子，老师建议家长多备儿童绘本，在家有针对性地拼读，也利于孩子进一步学习拼音。毕竟一回生、二回熟，孩子每天读几遍，就会对这些字的拼音读写有了记忆，慢慢地会让拼读有了条件反射。

5. 家庭语言环境也很重要。

良好的语言环境，是孩子学好拼音的重要因素。女儿班里个别前后鼻音不分的孩子，多半是从小到大惯性地接受了原生态的方言熏陶。毕竟方言中，很多音调和拼读与普通话的发音不同，很容易导致孩子混淆。

　　孩子学拼音，全家总动员。

　　各位家长，你们还记得被孩子学拼音折磨的那些日子吗？

第 7 节
"多做几道"不如"多做几遍"

　　数学有多重要？相信有句话一定能引起大家的共鸣："得数学者得天下。"就连曾经热播的电视剧《少年派》，都不忘在剧情里狠狠地 diss 一下女主林妙妙这个"数学渣渣"——因为严重偏科，她在重点中学常被人实名碾压。

　　其实，不只孩子打怵学习数学，辅导他数学的母亲也是整天着急上火。但学习没有捷径可走，唯一能做的就是保证孩子在拥有完整知识体系的基础上多写多练。于是，家里常年准备好练习题就显得尤为重要。

　　"先做两套卷子练练手吧，也顺便看看自己目前是什么水平。"为了让孩子提高数学成绩，黔驴技穷的母亲与其无所事事，不如盯着孩子大量做题。

实事求是地说，现在的孩子不可能让家长抛开"做题"来空谈学习上的进步。大家都知道，刷题是让孩子考试提分最简单且最粗暴的方法。

有一阵子，楼里不知谁家每晚准时开腔，吼骂声不绝于耳——辅导作业而吼到歇斯底里的咆哮母亲，被高压恐吓、哭声抑扬顿挫的熊孩子，那分贝足以把邻居家的玻璃震碎。

"一张卷子，怎么才做了这么几道题？"

"要考试了，看看你才复习了几道题！"

"布置给你的练习册，到底什么时候写完……"

其实，这是很多家庭晚上的真实写照，尤其是有小学生的家庭。

在很多陪读一线的父母眼里，高中的孩子明白就真的明白了，学会也就真的学会了。但小学生不一样，作为一支"潜力股"，学习的道路上还有很多不确定性，只是现在的他们看起来一时明白、一时糊涂，很有必要通过刷题来加以巩固。如果不刷题，恐怕真的得不到好成绩。

女儿也饱受过刷题的困扰。为了让她精准、快速地提升数学成绩，每晚督促她抓紧写完校内作业后，我便把她按在书桌前继续做卷子。有时看卷子上的题难不倒她，还会开启"手写复印机"模式，从网上摘抄重点学校发布的高频考题。

从短期来看，刷题的确能让孩子快速提分；从远期来看，刷题得来的高分，波动性也超级大——可能同样一张试卷上的题型，隔半个月再让她做一遍，分数居然还不能"破9"。

"你让孩子一张接着一张地刷卷子有用吗？还把孩子累得够呛，倒不如留着错题和不会的题，帮她慢慢巩固。"

孩子爸爸认为刷题可以，但要讲求质量，与其每天"恶刷"一张卷子，不如认真摸清一道题，否则"胡子眉毛一把抓"，只会培养出脑懒体勤的孩子陪着我假装努力。

之后，跟孩子爸爸讨论后，我们达成了共识："补弱抓错"，不再刷题，而是针对孩子薄弱的知识点加强复习和习题深练。

总之，刷题百遍不如帮孩子抓住核心知识，考试是万变不离其宗，帮孩子吃透学校的每本练习册和每张试卷是前提。学有余力后，动脑筋、花心思，帮孩子在茫茫题库里挑选合适的教辅。

其实，同步练习册和卷子各有所长，不能顾此失彼。

同步练习册最大的特点是跟校内教学进度同步，有成章节的组编资料，除了有与知识点贴合的课后练习，还有让孩子"拔高"的补充知识点分析和例题讲解。这就决定了同步练习册非常适合家长带领孩子课后复习和进行新课的预习。

有些畅销的同步练习册相当于一本教参，可以全面了解老师课堂上讲的知识点，还可以提前目测孩子校内学习的重点和难点知识，帮助两眼一抹黑的家长带着孩子完成99%的复习和预习任务。后面的练习题一般也不是很难，会综合章节知识，只要顺着做完都可以掌握基础知识。

相对于同步练习册，卷子的特点是对孩子知识的考查非常全面，有一定的难度和训练梯度，容易让孩子出现抵触心理。因为只要有卷子，就会有分数与排名。女儿每次也都特别抵触刷卷子。

个人认为，单元卷可以在孩子学完整个单元后立刻做，以快速巩固和练习所学知识。随着知识越学越多，后面还有更多的问题等着孩子钻研，几乎没有太多的时间再对所学知识进行全面复习。

期中卷、期末卷、模拟卷和真题卷等，可以放在考前用于刷题。这些卷子的针对性比较强，提前做意义不大，毕竟很多知识还没有学习。如果用于考前，规定好交卷时间，它可以帮孩子更好地查缺补漏。

　　每次，孩子爸爸都嫌我往家倒腾的学习资料太多，认为同步练习册和测试卷子买一种就可以。但在我眼里，它们在刷题策略上怎能同日而语？毕竟买再多习题刷的都是小钱，买学区房刷的才是大钱。

　　每年开学，我都会一个学科买一本同步练习册，买两套有针对性的卷子。理由是，孩子基础知识的巩固，万变不离课本，基础不牢，地动山摇。

　　补充一点，语文学科靠的是日常积累，而不是大量刷题，也谈不上"买同步练习还是卷子好"这个问题。

怎样给孩子选教辅？

　　开学等于"起跑"，教辅就是"装备"。每每新学期来临时，学生和家长都会在书店里挑选一摞一摞的教辅书籍往家搬。

　　无论是线上还是线下，同类别的教辅书不仅种类繁多，书名也很相似。有些书籍为了吸睛，封面上印满了"名师""名校"等字样，没有头绪的家长就会发愁如何挑选。

　　兜妈建议，家长应理性地为孩子选购教辅书籍。

1. 先了解孩子的需求。

　　开学初，任课老师一般都会对本学期学生所需的教辅材料统一说明，家长再去选购也不迟。

2. 选购宜精不宜多。

任课老师推荐的教辅书一般不会超过两种，且都比较全面系统，如果家长认为孩子对于某学科的知识掌握得比较薄弱，也可以有针对性地进行专项练习。但科目不宜太多，否则无暇兼顾。

3. 勿贪便宜轻质量。

要注意所选购教辅书是否与校内教材版本相一致，尽量挑选专业出版社、当地教研室或权威教育机构出版的辅导材料。

购买课外教辅书籍并不是多多益善，刷太多质量不好的"题库"不仅无益，反而浪费时间。唯有针对性地选购才能真正做到让思维拔高，给孩子减负。

第 8 节
思考是阅读的灵魂

教育家苏霍姆林斯基说过："30 年的经验使我深信，学生的智力发展水平取决于良好的阅读习惯。"

阅读就像一种魔力，不显山不露水地赋予孩子满满的正能量。我们身边也有很多不爱读书的孩子，家长也在焦虑他们阅读习惯的养成。

"妈妈，海海家里的书架上有很多书，不过上面盖着一层厚厚的灰。"某日，女儿从好朋友家里回来，摸着自己的书架说道。

记得前些日子，我带着女儿和海海母子逛超市，两个母亲边走边聊。海海妈八卦着因儿子学习问题而遭老公甩锅的各种压力，我吐槽女儿数学学习上的种种不如意。

过了好一会儿，我们意外地发现两个小朋友没有跟上来，于是心急火燎地四处寻找。

最后，循着超市营业员手指的方向一看，女儿正带着海海安静地坐在图书销售区讲故事。只见她一手端着书本，一手指指点点，海海则坐在地板上双腿屈膝，双手托着下巴颏，一动也不动。

"看你女儿多好，这么爱看书，海海可从来没有这么安静过。"在海海妈羡慕的眼神中，我小小的虚荣心多少有些膨胀，只是与海海妈就读书的话题进行交流时，明显听出她深深的悔意。

海海妈说，海海小时候，自己根本没有在引导他阅读上花心思，加之夫妻也没在家庭中树立"好读书"的榜样，孩子从小就缺乏精神养料，长大了就更不愿意听她的话去阅读了。为此，他的语文阅读理解能力总是跟不上，作文也是一塌糊涂。

"每次都特怕老师布置作文，看他坐那儿一小时也憋不出几个字。"就这样，海海一次次被妈妈贴上"不是读书那块料"的标签。

说到女儿看书，我也没怎么培养，只是觉得阅读应该成为我们日常生活中的一部分。于是，在她很小的时候，时不时往家里淘一些绘本，轻轻地读给她听。虽然不知道女儿能理解多少，却能感受到她听故事时内心是美好且愉悦的。

在家里，不仅我读的书随处可见，女儿的书也是随时随地都可以拿到。随着年龄的增长，她也会主动去拿几本书坐在角落里安静地翻看。

独立阅读的不断深入，促进女儿的识字量不断增加，对文字的运用能力也越来越强。女儿上了小学后，我参考分级阅读书单，源源不断地给她购买了数套国内外名家名著，并要求她每天坚持早读。

在女儿自主阅读的这段时间，我发现她看书的速度飞快，一会儿就翻了好多页，一本书几小时就看完了。有时，我也会操心她到底看进去没有。

在很多家长眼里，所谓的"看进去"，无非就是能否及时从书中悟到写作技巧，积累一定的好词好句，以便在作文写作中派上用场。其实，家长在孩子阅读问题上的焦虑和疑惑，潜台词都是想知道怎样才能让孩子在阅读中收获更多。

也有朋友向我抛来一个很有价值性的问题："你家麦兜的阅读能力达到了什么水平？"

实话实说，我知道女儿爱看书，但孩子的阅读水平、阅读能力是否达标我一概不知，也不清楚读成什么样算是达标，什么样又是没有达标，更不知道她有能力读完几十万字的文学名著应该是在什么年龄。

我只是觉得，孩子爱看书且能静静地看进去就是最好。

如果家长将阅读习惯与量化考核挂钩，恐怕又会在功利性的摇篮里将孩子萌发的阅读兴趣提前扼杀。最后，很可能得到一个不爱阅读、不会享受阅读甚至不能长期坚持阅读的"机器人"。

不过，家长在平时可以适当关注孩子的深度阅读能力，包括看书时的专注力和读书后的输出能力。

好读书不如读好书，要养成爱读书的习惯，得先培养读书兴趣。

低年级的孩子还没有基本的判断能力，很多"没营养"的漫画或者连环画往往会吸引他们的目光，并让他们陷入其中。此时正值孩子"阅读三观"的养成时期，家长可以引导他们选择一些内容健康的书籍，再慢慢观察孩子偏爱哪一种。毕竟，没有人喜欢读那种"让自己看起来很差劲"的书。

读书是慢工出细活的一种享受，孩子不可能只靠一次阅读就能吸收到更多的知识。

快速阅读，这种只能短暂停留的视觉记忆，需要后期的反复回顾才能记牢。将书籍通读一遍，掌握其大体内容后，可根据孩子的兴趣再反复阅读。这既可以巩固记忆书籍内容，又可以帮助孩子提高思考能力。

孩子读完一本书后，家长可以尝试与孩子探讨对书中内容的认识。一方面，通过对内容的提炼，学会表达观点；另一方面，了解孩子的实际阅读能力。

需要注意的是，千万不要像我那样，在孩子读完一本书后立马把她叫到跟前，然后一本正经地抽查孩子对文中章节内容的掌握情况："这本书讲了什么，你说给我听听。""这一段描述了什么，还记得住吗？"

虽说言辞间饱含家长的良苦用心，但这种方法有时会让孩子觉得自己像被"刑讯逼供"。

每本书都是一粒种子，会在孩子幼小的心灵里慢慢生根发芽，逐渐长大。

家长的正确引导，就是给予幼苗阳光、空气和水的过程。希望每个孩子都能感受到阅读的美好，爱上阅读。

/第四章/ 成长关键词：粗心

粗心，是一种能力的缺失

第 1 节
不要小瞧"标签"的危害

一定有不少家长陪孩子读过日本作家黑柳彻子所著《窗边的小豆豆》吧?

我们不得不边读着书,边感慨、自省着:在孩子的教育阶段,若是都能像小豆豆那样遇到一位宽容的老师和明智的家长,是多么幸福和重要。

小豆豆刚入一年级就被当成"问题孩子"被学校劝退,原因是她"太好动了"。这个对学校的一切有各种好奇的孩子,会在一节课上无数次地掀开课桌再盖上,从而影响老师的正常教学。无奈之下,母亲带着小豆豆来到巴学园,还受到校长的亲自接待,并耐心听她自顾自地说了三个多小时。

这位深谙儿童心理发展的校长不仅接纳了小豆豆,还把其他看似"有问题"的孩子全部聚集在一起。他们以废弃的电车作为教室,没有固定的座位,每天都可以根据心情自由选择所喜欢的位置。校长费尽心思又亲切随和的教学方式,使得小豆豆和这里的孩子度过了人生中最美好的小学时光。

虽说后来巴学园因战争而遭到破坏，但这里的一切却对小豆豆的一生影响深远。其实，她就是作者黑柳彻子本人。

直到长大成人，小豆豆才知道自己当初被印上"问题孩子"的标签，但母亲没有抱怨她，而是最大限度地保护了她的自尊心。到了巴学园，校长先生更是尽最大努力给这些"标签化"的孩子提供自由、公正的成长空间。

黑柳女士说过，是巴学园救赎了她，是包容和爱让她健康成长。

一个周末，我跟一位妈妈柳女士聊天，她无奈地说："每晚辅导孩子写语文作业，我气得头发都要掉秃了。孩子写字的时候，看起来总是很粗心，让他一笔一画地写，他总是'连跑带颠'的，隔三岔五就被老师要求重写，我每天都要陪着儿子补作业到很晚。而且，老师还说，孩子在学校的试卷也是做得不走心，不是写字少个笔画，就是造句丢个字。"

我听后，建议柳女士给孩子报个书法班，没准可以把这个坏习惯改正过来。未等我话说完，旁边柳女士的儿子突然扔掉手中的玩具，伸出两只手使劲在我面前挥舞着，并表达着不满："妈妈说了，我是个粗心的马大哈，写的字永远都像狗爬。"

一下子，我们的聊天气氛变得很尴尬，几个人大眼瞪小眼地僵了半天。之后，柳女士解释说："之前问儿子为什么不好好写字，他都回复说：'写字太慢的话，作业写不完。'每次让孩子认真写字都弄得我们母子不欢而散的时候，我老公都强词夺理：'孩子现在写字粗心，等他长大就好了。再说了，就算字写不好，也不影响他将来找工作。'"

就这样，柳女士一气之下给孩子贴上了"马大哈"的标签。

显然，这里有个负能量的微小循环：老师认为孩子的字写得不好看，以"撕本子或重写"引起家长的重视。妈妈确实着急并想马上矫正孩子握笔不正确的坏习惯，却又被爸爸强行默认"这样写也没事"。最后，孩子认同了父母的说法。

不得不说，这个小男孩才是这个负能量循环中最弱的一环，也是承受压力最大的一环。他很容易被父母的争执所暗示，被催眠成一个"写字不好"的孩子。结果就是，他会"不负众望"地按照标签行事。

心理学上的贴标签效应是指：当人的行为跟一个固定词语名称挂钩时，就会进行自我印象管理，使自己的行为与所贴标签内容一致。这种现象是贴上标签后引起的，故称"标签效应"。

给孩子"贴标签"，这在家庭教育乃至学校教育中太普遍了。家中长辈也不乏有人从小被"标签"牵着长大，很不幸，我们又完整地继承了上一辈的做法，活成自己讨厌的样子。

当孩子被贴上"粗心""数学成绩不好""字不好看"等符合某个心理条件的标签时，他的所有优秀品质就会慢慢被"标签"所掩盖。

很多家长知道，心理暗示对孩子的影响有多大，也说过不会随便给孩子"贴标签"，但总是心口不一，难以做到。

给孩子胡乱"贴标签"的家长是可怕的，合格的父母绝不会随便对孩子进行负面心理暗示。

要想不给孩子贴标签，首先要把这些标签从自己的思想里撕掉。

第一步，指导代替指责。

当老师或者身边的人对孩子的某种做法表示异议时，家长不要盲目地指责，而是先保持冷静，进行深入思考，再跟孩子一起分析问题，交流正确的做法。著名教育家陶行知先生说过，创造一个孩子很容易，塑造一个孩子不容易，我们不能轻视孩子的情感。

第二步，缺点内部消化。

父母作为孩子最信任的人，要避免在他人面前暴露孩子的缺点，虽然我们有时会觉得这是一种"谦虚"的说话方式。

记得某个同学家长夸我女儿的作文写得好，结果我鬼使神差地说了一句："她的数学总拖后腿。"

没想到，说者无心，听者有意，"数学差"的标签被女儿深深地印在脑海里。每次写数学作业时，她都会不由自主地问："妈妈，我的数学真的很差吗？"

对孩子来说，父母一句无心的话，也许就会让她觉得自己的价值被否认了。

第三步，调整孩子的心态。

有时候，我们可以做到自己不给孩子贴标签，但嘴也长在别人的身上，无法控制他人对孩子的评价。这时我们要告诉孩子，标签是固定的，但行为可以改变。

教孩子拥有良好的心态，可以抵御别人给他贴标签带来的不良影响。美国著名儿童学家阿黛尔·法伯说："永远都不要低估了你的话对一个孩子一生的影响力。"

有的孩子语文好，有的孩子数学好，有的孩子英语好，而我的孩子"心态好"，这是我心里最大的安慰。

第 2 节
讨厌的错别字

错别字，顾名思义就是错字和别字。错字可以理解，是指孩子完全写错了字；别字，是指写出的字与正确的字读音相同或相近，但意思完全不同。

如果说孩子写作业时难题不会做，知识点记忆不牢也就算了，咱们不也是从那时候熬过来的，慢慢就会了。最让家长抓狂的就是错别字问题，这不是孩子的"智商欠费"，而是基础性错误。

只要几位母亲聚在一起，似乎就将吐槽老公、八卦孩子当成人生的乐趣。某日语文测试后，几位妈妈纷纷在微信群里发着牢骚。

吐槽1：小土豆是个三年级的小男孩，生性活泼好动，学习上没少让妈妈操心。比如，语文试卷的"看拼音填汉字"，每次都要错一半，经常是多一笔或者少一笔，要么就完全写成"同音不同字"。

吐槽2：小茉莉是个二年级的小女孩，经常被妈妈发现数学作业里出现错误。比如做应用题，孩子一般能写对列式计算，唯独写"答"的时候出现失误，经常在这上面丢分。茉莉妈妈无奈地说："我就纳闷了，最后的'答'，她照着题抄都能抄错。"

数学是门严谨的学科，"失之毫厘，差之千里"，老师通常会严抓学生的答题细节。

有段时间，我在辅导女儿作业时，恨不得在地上跪着，因为怕一气之下把她一脚踢飞。原因只有一个：无论是数学卷子还是语文作文，但凡涉及书写文字的时候，她的错别字都出现得"十分坚强"——一张语文卷子90多分，大部分的扣分来自错别字，有时还不包括作文里老师懒得圈出的错字。

女儿上一年级时，我便发现了这个问题，当时并未引起我足够的重视，觉得孩子年龄还小，对一些文字的结构把握不准也很正常。

年级升高之后，我发现女儿的这个问题越来越严重，有些时候不仅会写的字也马虎出错，写作文需要很多字词表达时，甚至都懒得动脑思考，直接就用拼音代替。

一篇作文写下来，就像乱入考场"错拿"了英语卷子——作文纸上布满拼音不说，甚至连拼音都有错误。比如，最常见的"p"和"b"不分，虽说我苦口婆心地讲了 N 次，可她还是会习惯性地写错。

这个问题让我百思不得其解。按理说，女儿都可以独立阅读了，被文字熏陶得也算不错了，怎么写错字的习惯就一直改不了呢？

后来，我用最原始粗暴的野路子罚她默写课文来纠正错别字，写完后再自行对照课文检查，看看哪些字写错了顺便改正。刚开始，孩子的热情很高，可没过一周她就坐地反抗，只是看到妈妈的决心坚不可摧，只能默默放弃挣扎，坚持了个把月才告一段落。

鲁迅先生在《以"别字"说开去》中讲道：写错别字的病根是在方块字本身。

确实，中国汉字文化博大精深，同音不同字的运用也颇为讲究。很多家长发现这个问题后，多半会采取让孩子默写课文或听写生字来加深他的认知，认为这样可以让记忆更加牢固，但这里有几个问题不容忽视。

1. 考查孩子能否准确识字。

人际交往中，通常以第一印象作为塑造双方良好关系的第一步。

孩子接触生字时也是一样。有时候，孩子对汉字记忆不清，就会在运用时出现似是而非的臆想。由于汉字的音形分离，有些孩子记不清字形，但看到后会觉得面熟，这多半是对生字的学习不够扎实，书写时出现大脑断片的现象。

低年级的孩子学习生字时，一定要强调从笔顺分步开始，就是为了帮助学生正确、清晰地辨析生字。如这个字的笔顺是什么，一共有几画，让其在学生的脑海中记忆深刻。

2. 观察孩子能否用心写字。

如果孩子边写作业边玩，自然不能认真思考文字的结构。有的孩子写字潦草，这不仅是表象，还能反映其性格——可能他本身就比较浮躁，很难认真、踏实地做事。所以，用心写字不仅可以塑造孩子的性格，也可以帮助孩子变得沉着。

3. 看看孩子到底错在哪儿。

我分析女儿写的错别字，发现大概分为两类：一是常用字写错笔画和偏旁。这除了笔误外，也有可能是在拆字过程中对文字结构出现了理解偏差，就胡乱替代。二是张冠李戴，属于别字的范畴，多半是不理解这个字或词组的意思，就根据读音用同音字顶替。

对于孩子的错别字问题，我从不相信"静待花开"。一朵花独自开放，怎会离开土壤、水分和养料的供给呢？家长发现孩子频繁写错字必须严肃以待，要求孩子思想上充分重视。

《白鹿原》的作者陈忠实先生说过：读别人的文章，读出错别字犹如吃出沙子；读自己的文章，读出错别字犹如吃出苍蝇。因此，家长要让孩子意识到错别字的危害。我曾以女儿被错别字"拖累"最惨的一份语文试卷为契机，终于唤醒她积极改错的决心。

4. 做好常规听写训练。

《认知天性》一书中提到了学习的基本原则，即有间隔地重复关键概念，穿插讨论不同但相关的话题。

如果家长能合理安排时间，并做到阶段性地帮孩子订正错别字，巩固正确的书写，就能让他的记忆更加牢固。例如，选择单课单元听写或两天一个"小听写"、一周一个"大听写"，通过对多音字的词组对比，重新加深孩子对字义的理解。

第 3 节
粗心是阅读能力的弱化

好多家长经常有这样的感觉，看到孩子考试卷子因粗心扣分时，比知道他做不出来更为恼火，认为这些看似毛毛糙糙导致的小问题是完全可以避免的。

事实上，真的是孩子粗心吗？

某日，我带女儿去路边小餐馆吃米粉时看到了这样一幕：

一个与女儿差不多大的小男孩，正拿着语文试卷递给身边的爸爸签字。没想到，这个半躺在藤椅上、叼着烟卷吞云吐雾的男人，对待孩子的学习竟然如此"上心"——他一边逐字逐面地检查试卷上的错题，一边批评着儿子，嗓门明显随着孩子的错题比例不断变大。

"你看，光是阅读理解就扣了 7 分，这里一共有几段，你看不出来吗？""选择题的答案要写在括号里，你偏要写在横线上，怎么总是这么粗心？"这个爸爸好像越说越气，干脆掐灭烟头，从藤椅上坐起来，顺势用手里的卷子朝儿子的脸上狠狠地拍下去。

接着，他让儿子把试卷上的阅读理解内容大声地读一遍。但孩子的阅读能力似乎不太令人满意，不仅一段话读得磕磕巴巴，还漏掉或"增添"了几个字，被一旁紧紧盯着的爸爸逮个正着，又把他狠狠地数落了一顿。

小男孩感受到父亲的愤怒情绪，抱着卷子唯唯诺诺地靠在椅子上不敢大口喘气。坐在餐馆角落的我们，一边吃着粉，一边默默观战，好似此情此景发生在我们母女身上一样。

之前，女儿也因阅读时跳字、跳行被我批评过，有时看她读课文完全像是在"挑"字，或者读着读着就自动过滤到下一行。做语文理解题目时，这种现象也是经常出现，要么就是根本读不完整篇文章。不仅如此，做阅读笔记摘抄的时候，也会暴露出类似的问题，如不会将整行字书写完整，动不动就缺这少那的。

每次发现后，我都提醒女儿要认真地读，一个字、一个字地仔细看，可她依旧是本性难改。按理说，女儿的眼睛虽然不大，但也聚光聚神，怎么一到书写阅读的时候就不好使了呢？好几次，我都萌发带她去医院检测视力的冲动。

"女儿做其他事情没觉得视力有问题，只是阅读的时候你看着有问题，那说明孩子的视力完全正常。"孩子的爸爸就事论事，坐在一边理性分析着。后来，我询问一圈，得知身边像女儿这样读课文丢字串行的学生不在少数。

很多家长也和我一样，发现孩子出现这种"粗心"的状况时，首先就是让他们多读多念，熟能生巧。但看到女儿阅读时很认真，如果简单地将问题归咎于粗心，似乎也缺点儿依据。

还是一位教师朋友帮我分析了原因——学生除了有"粗心"的成分外，对低年级的小学生来说，也可能是视觉发展不完善。于是，我试着调整辅导女儿阅读学习的方式。

1. 尝试指读。

从单纯靠眼睛来读变成指读辅助，也就是手眼结合：把手指放在一行文字的开头，边移动手指边阅读，直到完整读完本行文字。然后，在行尾轻轻抬起手指迅速移到下一行，再次开始阅读。

这个方法很简单，开始时孩子会有点儿笨拙，但慢慢尝试下来，阅读质量的确有所提高。可能有些孩子需要适应一段时间才能习惯指读，或者尝试指读时阅读速度会变慢。这不要担心，提升只是时间问题，重要的是眼睛配合手指能更好地参与阅读活动。

不过，有些绘本专家反对指读，这曾经也让我感到很迷茫。对于这类问题，家长要理性看待。指读能有效帮助小学生更快地识字，只是在婴幼儿阶段会有一定的弊端，如容易让孩子错失绘本中精彩的画面。

2. 适当抽查。

孩子完成阅读后，家长摘抄某段或某句话，将里面的个别词语省略，然后让孩子"找不同"，询问他缺了哪些词。

还可以使用手机录像功能，与孩子约定好要读的内容，家长用手机将他读书的过程录制下来，跟孩子一起边看边分析，哪里读得好，哪里添字或者丢字了。找出问题所在，再让孩子重新阅读一遍，看看是否规避了出现过的问题。

3. 是否专注。

专注力，是指孩子能否将全部注意力集中于某个目标事物上，专心致志，一心一意。阅读时，专注力强的孩子能够协调眼球动作，跟随和追踪每个文字。

孩子阅读时，家长不妨仔细观察他的视线。阅读专注的孩子，双眼一般会准确地追踪每行文字，很自然地从头读到尾，再自动转至下一行……

只要家长悉心分析孩子阅读"粗心"的原因，用心改变，这都不算事儿。

第 4 节
紧张焦虑是粗心的病因

　　美国研究人员在进行家庭问题调查时发现，家长释放的紧张和焦虑会无形中传染给孩子。也就是说，父母的焦虑很可能是孩子成长路上的绊脚石。

　　焦虑是这个时代的通病，有波峰也有低谷。对于家长来说，孩子考试前往往是焦虑感集中爆发的时期。

　　儿时，我们害怕考试。自从有了孩子后，身份升级，我们依旧害怕考试。这不仅是对孩子知识掌握水平的考查，也是对亲子关系的考验。

　　有人说，只有孩子高考时，家长才最焦虑。我看未必！

　　从小学开始，一些家长便进入一级戒备状态。一二年级打基础，三四年级是道坎，五六年级为转折……于是，从孩子人生的第一张考试卷下发，父母就开始变得比孩子还要紧张。

　　对刚入学的学生来说，他们可能并不明白考试意味着什么，只知道跟着老师复习要点、做各种试卷。随着考试次数的增加，孩子才会从父母阴晴不定的脸色中一次次被吓得脊背渗出冷汗，对考试产生强烈的焦虑感。

一次期末考试前，我帮女儿准备完次日考试所需的学习用品后，就看见她躺在床上嘟着嘴一声不吭，眼里似乎还有闪闪的泪花即将呼之欲出。于是，我轻抚她的额头询问原因。

"妈妈，我们为什么要考试呢？我不想考数学了。"

"考试不仅只考学生的学习能力，也是学校对老师教学水平的检测，爸爸妈妈上班时也会遇到很多考试呢……"为了不给女儿增加压力，我机智地转移着话题。

"可是我怕数学又考80多分，学了这么久，还是没有多少进步。"说完，那股在眼眶里憋了很久的热流，终于顺着女儿的眼角溢出来。

"要相信自己哦，你的数学成绩一直都在稳步提高，只是你没有发现而已。"那一刻，我真的不敢相信，孩子面对考试的压力其实比家长还要大。

经过一番耐心的说教，女儿终于慢慢地睡着了，我却陷入了沉思……也许小小的忧虑，真的会让孩子在原本阳光明媚的日子里，毫无征兆地跌进谷底且无法挣扎。

　　我顿时无法淡定，顺手把这份烦恼扔在家长群里，没想到大家纷纷吐槽：

　　"我女儿也说不想考试，讨厌让她们考试的老师。"

　　"我儿子说，一考试手心就不停地冒汗。"

　　"你们这算什么，我家孩子已经错过两场大型考试了，考前不是发烧就是拉肚子，到了高考时还是这个情况该怎么办呢？"

　　原来我有的这些烦恼，其他家长也有。听完大家的吐槽，他们似乎比我还紧张，提心吊胆，怕孩子考前又出什么状况。

　　按说女儿自从把数学课上画画的小动作改掉后，无论平时在家的学习状态，还是在课堂上体现的积极性都挺不错的，为什么一到考试就发挥不出真实水平，反而让自己陷入考前焦虑呢？

　　据老师分析，大概是因之前考试失败有了心理阴影。有的孩子平时作业写得很好，一到关键性的考试时心情就紧张，注意力无法集中，思维发生混乱。过度焦虑反而造成孩子粗心，使他们容易看错题目、书写失误等。而且，越紧张焦虑，考试状态就越不理想，就会慢慢形成恶性循环。

　　心理学上把平时表现良好，但缺乏应有心理素质导致考试失败的现象称为"詹森效应"。比如，孩子通常会在考试前紧张焦虑，出现手心冒汗、头晕乏力等情况。

看到孩子有了这种症状，家长也会更加焦虑，不知如何是好。事实上，孩子出现这样的心理状况，也是事出有因。

1. 担心考试成绩不佳被责骂。

应试教育让很多家长把孩子的学习成绩看得很重，说不在乎是假的。包括我自己，似乎也从未把关注的视线从孩子的分数上挪开过。

孩子的焦虑感取决于家长的态度。家长的指责，非但不能解决孩子学习中遇到的实际问题，还会产生其他问题。长此以往，孩子的内心就会有心理阴影，久而久之，就变成了心理负担。于是，只要一考试，他的心情就会焦虑，莫名地舒展不起来——不是孩子不想开心，是他根本就控制不住自己。

2. "伪独立"让孩子患得患失。

什么是"伪独立"？就是在孩子身心还不成熟的条件下，一些父母为了提升孩子的"抗摔打"能力，使其在日后能够独当一面，过度要求孩子独立，却忽视了强制性要求孩子独立在他成长中埋下的心理隐患——这些孩子为了不给父母带来麻烦，习惯了隐藏情绪，长此以往，心理健康就容易亮起红灯。

那么，如何解决这些问题？

首先，家长在考前要做好孩子的心理调节，让他以轻松、平静的心情对待考试，不要给他施加过多的压力。

其次，带着孩子认真、系统地复习，不打无准备之仗。只要底气充足，考试时就不会过分紧张。

最后，适当鼓励孩子，并注意合理饮食，让孩子保持心情舒畅。家长也要调整好心态，尽量给孩子传递正能量，发现他的点滴进步要及时鼓励，增强其信心。

在女儿考试不理想，状态一直不好时，为避免她一直处于"数学老是考不好"的焦虑中，我就会及时开导她："'老'一点儿有什么关系呢，又没让你把数学卷子煮了吃。"

女儿听后一笑，心情也好了很多。

第 5 节
明明会的题为什么还要错

一次，女儿的琴师来家里上课。当时，她热得满头大汗，一进门就开始发牢骚：

"气死了，昨天送学生考级，基本上都过了，就剩一个人不过。"

"考级不是交了钱，基本都能过的吗？"我听后笑着问。

"当然不是，偶尔会有不背谱、不好好练琴的漏网之鱼呀！"说罢，她接过我递来的水猛地喝了一大口。

"要考级了还不练琴，那不是浪费资源吗？既然这样，还学琴干吗呢？"说完，我下意识地扫了一眼正专心致志听我们对话的女儿。

"是啊，这个女孩就是抱着侥幸心理，考级时万一靠瞎蒙过了呢？"琴师之所以越说越气，大概还有那女孩妈妈的极力辩解："孩子没过，一定是考级时太紧张了！""其实，这些曲子，她平时也是认真练习的……"

这个妈妈的话风，不禁让我联想到自己孩子的考试。

每次考试后，总出现这样的现象：包括我在内的很多家长看到孩子的试卷后，都会狠狠地拍着大腿："哎呀，孩子应该都会做这些题，为什么老是那么粗心呢？""我家孩子其实挺聪明的，就是太马虎了，每次考试都有很多不该错的题……"

我相信，每个家长拿到孩子的不完美试卷时，都会以这样的"夸赞"来化解最大的尴尬，仿佛这几句话就是解决一切问题的良药。

老师面对家长的求助时，看似口中一个"粗心"就能让焦虑的 A 妈妈感到欣慰："我家孩子不是学习不好,这次有点儿马虎,下次认真就行了。"

B 妈妈在跟别人家的孩子对比时,也不会因粗心丢的几分而觉得没面子:"我家宝贝错的都是小题,智商应该没问题的。"

平时表现优秀的孩子,某次考试成绩不佳,待 C 妈妈细究原因,然后自我安慰:"这些题,我家孩子都会做,这次考得不好,可能是前几天孩子感冒引起的头脑不适……"

于是,孩子三番五次地在家长那里得到"粗心""马虎"的评价后,就可以心安理得地不拼尽全力了。一次次为粗心找到借口,终于让孩子错失变优秀的机会。

我们要的只是这样的结果吗?粗心只是做错题的结果,并非真正的原因。

1. 知识没学好,心情忐忑带来的粗心。

有些孩子上课不认真,又因家长工作繁忙不能监督他们仔细巩固和复习,所以对知识点一知半解,自然不会考出高分。比如,女儿最常出错的口算题,之前我的第一反应是粗心,后来发现不尽然。因为一两次出错情有可原,如果每次考试都出错,显然是她的计算方法有问题。

如果试卷里的基础题按照错题比例分析,10 道题错了 5 道以上,百分之百是孩子没有掌握口算的知识点;如果 10 道题错了 3 道，说明孩子对相关知识点学得还是到位的，可能是平时训练少了。

应用题的错题比例分析，同样适用如上方法。对于整张试卷仅有一两道题失误，这完全是正常的，试想：哪条流水线上没有出现过几个残次品呢？

2. 知识太熟悉，无脑带来的粗心。

很多低年级的孩子因为被家长催着"超前学"，反而忽略了良好学习习惯的养成，从而错失夯实学习基础的有利时机。或者一部分孩子在上幼儿园时就学完了小学前两年的课程，考试中的常规题自然难不倒他们，慢慢地就会产生惯性思维，做题时甚至懒得动脑甄别。抱着这样的态度来考试，必然会丢分。

3. 学习超负荷，疲惫带来的粗心。

在辅导孩子学习这件事上，很多家长没闲着，不管用什么方法，反正不能让孩子"输在起跑线上"。无论孩子的天赋如何，家长都按照同等的学习任务分配给孩子——做不完的课外作业，上不完的辅导班……

在女儿身上，我深有体会。学校考前本来就是题海战术，我还想着"加点儿料"，于是就演变成疲劳式教育。

孩子的精力是有限的，考前超负荷地学习，会给他的身心健康带来伤害，最终只能欲速则不达。

找到了孩子考试粗心的"病因"，我们该如何对症下药呢？

首先，对于"不会"导致的粗心，家长要引导孩子充分吸收知识，对所学内容进行复习与巩固。不过，并非每个孩子反复学几遍或者复习一个月就能将全部知识学习到位，我们无法对孩子的学习困难有一个合理的预期。家长能做的就是改正孩子的不良学习习惯，帮助他合理安排复习任务。

其次，对于"无脑"带来的粗心，很多时候，顺手的事情做多了就容易产生惯性思维，这就是我们常说的思维定势。它是因先前活动造成的一种对活动的特殊心理准备状态，或者活动的倾向性。有时候，它可以帮我们快速地完成任务，也会让我们落入某些陷阱。

这时，家长可以告诉孩子考试时先在脑子里列一份清单，对于容易出错的地方，做题时要加倍仔细，不能聪明反被聪明误。

最后，对于"疲惫"带来的粗心，家长要注意孩子的劳逸结合，不能搞疲劳战。任何人因大脑超负荷运转都会有疲惫的时候，容易注意力涣散、内心狂躁和缺乏耐心，导致错误出现。这时，家长就要提醒孩子应该注意休息，养精蓄锐。

第6节
小小草稿力量大

孩子的考试成绩，是家长和老师永恒的话题。不过，在考试中有一个细节十分重要，那就是对草稿纸的运用。

女儿从入小学开始，她一直有粗心的毛病，并且360°无死角地放大到数学的学习上，经常在特别简单的题目上栽跟头——不是口算算错得数，就是列式抄错数字，或者是解应用题时少了步骤。

我一再督促女儿，让她细心、细心再细心，但一直收效甚微。

第一次注意到草稿纸，是在数学辅导班的家长视频会上。辅导老师开篇在视频里便向与会家长展示部分小学员提交的"草稿纸作业"。

这些荣登表扬榜的孩子从一年级入学起，就因父母的远见养成了正确使用草稿纸的好习惯。无论是平时作业还是大小考试，他们都习惯在身边备一张草稿纸，并按照题目序号写出该

题的演算步骤——解题过程一目了然不说，草稿纸的卷面整洁
程度不亚于考试卷子。

"哇，难怪我家孩子做题老出错，原来跟人家隔着一张草
稿纸的距离。"

"儿子考试总是莫名其妙地丢点儿小分，过后改又能改
对，这下基本上找到是什么问题了。"

"之前让女儿使用草稿纸，她不习惯就放弃了，就怪我没
有坚持。"

看到老师展示的优秀草稿纸范本时，家长在讨论区里七嘴
八舌地议论着，隔着屏幕都能看到各位焦虑的母亲对别人家孩
子那一脸大写的羡慕。

"难怪这些孩子的数学成绩一直那么好，我怎么就没有想
到呢？"会后，我迫不及待地在微信里跟班主任交流感受，并
希望通过老师的权威让女儿从当下养成使用草稿纸演算的好
习惯。

"以后孩子每次提交作业时，家长都提醒她附带草稿纸的
解题步骤，我也会这样要求，只要能先坚持 21 天，习惯就可以
慢慢培养。"不得不说，老师的话对焦虑的我来说，有一定平
心静气的功效。

每次考试，女儿的数学卷子都会不痛不痒地丢几分，而且是难度不大的题目。那次家长会结束后，我便郑重地向女儿提出使用草稿纸的建议。正是这张小小的草稿纸让我知道，辅导学习真的能让人头秃。

刚开始，女儿对打草稿这件事极度排斥。写作业时，她是能不打草稿就不打，情愿在练习册或者书本上反复地涂擦涂改，在我的一番软磨硬泡和"高压"之下才勉强接受。

只是，与"别人家孩子的草稿纸"相反，女儿打的草稿怎么看都让人觉得凌乱——数字写得东一个、西一个，准备往作业本上抄写时，必须仔细找半天才能找到答案。

或者，草稿本最后变成涂鸦本，不只有数学的演算步骤，还有各种千奇百怪的动漫涂鸦……

"如果你能认真打好草稿，数学就不会总是白白丢分了。"某日，为了配合女儿平淡的表情，我用夸张的动作搭配着这一句。

"哎呀，之前错就错了，你这当妈的就不能成熟一点儿？"听得出，女儿是在讨厌我翻旧账。

"打草稿如考试，考试就如打草稿，草稿利用好，考试才不会有烦恼！"我再次慢慢说服女儿，并继续给她脑补打草稿的好处，建议她静下心来试一试。

"打草稿"对孩子很重要

2.　3+3=6(米)　10+6=16(米)　5+5=10米

　　(3+5)×2
　　=8×2
　　=16(米)

4.　15÷3=5(颗)　　40÷(15÷3)
　　40÷5=8(天)　　=40÷5
　　　　　　　　　=8(天)

5.　3-1=2(层)
　　14÷2=7(级)

果不其然，优秀不是自然养成的，而是逼迫她战胜懒惰。之后，每当她在写作业遇到难题一时思考不出来的时候，便尝试在草稿纸上写分析和步骤。特别在做数学应用题时，从她打草稿的步骤中可以看得出，她的逻辑是很严谨的。

渐渐地，女儿明白了打草稿的重要性，能够帮自己理顺做题思路。她还因"草稿优秀范本"得到老师的表扬。

形成优秀草稿范本的步骤如下。

1. 有固定的草稿本。

辅导作业时，家长须给孩子准备一本固定的草稿本，一来让孩子明白"专本专用"，二来方便家长检查和对解题步骤的归纳整理。

2. 复杂的题一定要打草稿。

为了不引起孩子的逆反心理，家长不用要求孩子所有的题目必须打草稿。比如简单的口算题，可以通过口算的形式来解答。

有些家长看到孩子经常在口算题上出错，第一反应就是让他打草稿列竖式，这是不科学的。毕竟口算是一切计算的基础，是孩子数学逻辑的基本功，口算问题不能通过列竖式来解决，而是需要平时多练习，锻炼反应和计算能力。

3. 字迹工整不潦草。

很多孩子认为，打草稿是给自己看的，所以字迹潦草。过了一会儿，等他步骤演算完毕再抄写答案时，可能连自己都不认识写的是什么。

凌乱的草稿纸也不利于检查，考试中各种需要演算的题目不少，如果没有养成很好的书写习惯，不仅费时费力，更不利于良好习惯的养成。

让孩子学会打草稿，我最大的感受就是，帮助孩子用规则把数学解题过程与思路系统化。当孩子遇到摸不准的题时，试着打草稿就好比瞌睡了就遇到枕头，没准写着写着就轻松破解了呢。

第 7 节
思维导图是写作文的基础

很多辅导作业的家长发现一个普遍的现象，那就是：每天看到孩子读了好多书，但孩子写作文却不懂得如何输出。对于很多小学生和家长来说，作文成为摆在他们面前一道不可逾越的鸿沟。

一年级还好说，看图写话就是写出一句完整的句子，只要语句通顺，有头有尾就可以了。从二年级开始，就慢慢不一样了，孩子们要正式接触写作文。从遣词造句到连句成段，到六年级要能写出简单的纪实和充满想象力的作文，似乎每一阶段对孩子来说都是一种困扰。

女儿的好友小土豆的妈妈跟我吐槽，她在辅导儿子写作文这条"野路子"上遇到的尽是艰辛磨难。

某日，语文单元测试卷的压轴题是一道有关"植树节"的半命题作文，结果不知是小土豆对这道作文题目毫无感觉，还是脑子里缺少植树的概念，在他妈妈看到试卷的那一刻，差点儿一口气没有回上来——共15分的作文被扣了10分，剩下的5分还是因为老师"手下留情"才幸免于难。

加上前面杂七杂八扣掉的分数，最后卷面上红色大写外加两道"防伪双横线"的63分，不仅让这个刚过及格线的分数变得更有立体感，也让小土豆继续坐实班里语文的后进生，成为几个"写作文不走心"的孩子之一。

用老师向小土豆妈妈反馈的话说："你儿子的学习态度不端正，作文都是按照一个'套路'来写的。"

写作文的套路到底是什么？

这成功吸引了我的注意，毕竟女儿的作文好像不曾有太多的套路。有时，我坐在一旁看她不会写、不敢写、不知从哪儿下笔，写得一脸茫然、不知所措，我也很无奈。

当时，土豆妈妈试探性地询问过老师。老师的回复是，孩子日常缺少积累知识点，行文时内容与题意不能很好地进行联系和契合，或者为了凑字数而没有形成整体思路，写到哪里算到哪里。

简单来说，小土豆写的作文，看着没有最基本的思路，这大概是多数孩子写作文存在的共性问题。

看孩子写作文，是家长最头疼的差事。很多家长为了避免孩子"走弯路"，会购买各种版本的《小学生写作范文》，并建议孩子熟读或者背下来，没准在日后写作文中"用得上"。

有时，孩子在家写作文，家长在辅导过程中也会做一些写前指导，讲一些注意事项，如怎么开头、如何结尾。虽说 80 后、90 后的家长大多文化水平较高，但在辅导孩子写作文这件事上，真的不能像辅导数学那样随便横插一脚。

因为我们的不专业，反而会给孩子的写作套上一层枷锁。可想而知，当孩子被条条框框遏制住"灵感"，写作时要么没有思路，要么走上抄袭范文的老路。渐渐地，孩子会对写作文产生畏难情绪，一想到作文就觉得是个大工程，没有兴趣，取而代之的是厌烦和拖延。

这便是女儿班级的老师在一次检查家庭作业中，发现作文大面积雷同的原因了。

一日，我突然看到小土豆妈妈在朋友圈里更新了状态："传统的学习方式已经跟不上时代的变化，咱们以前上学接触过'思维导图'吗？恐怕都没听说过吧。看看我儿子在老师指导下画的图，我估计孩子的语文离高分不远了。"

　　我仔细一看，是小土豆班上的孩子，在老师的指导下开始运用思维导图学写作文。

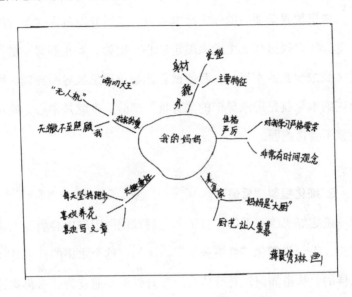

　　思维导图是让孩子把脑海中的想法，通过各种圈圈线线、文字和图形画出来，如气泡图、括号图、流程图等。最明显的好处是，先通过写画的图片或者作文题目搭出框架，再发散思维去"充血填肉"，这样就思路清晰，逻辑分明。

　　这样，孩子就无须像以前那样背范文了，继而用自然生动的语言在大的框架里讲故事，展示自己的思想。

　　话说我虽然有写作经验，但技术上还不能以老经验故步自封，必须向其他名师多学习，才能助我家孩子取得写作真经。于是，我便在微信里向土豆妈妈深挖思维导图绘制的方法，然后突然觉得，可以很快拯救女儿散落一地的写作灵感。

1. 确定框架"脊椎"。

如果把眼前要写的作文比喻成人，思维导图就是这个人的"骨架"，通过作文主题来敲定核心。比如，女儿要写一篇作文《我最爱吃的水果》，我便试着让她运用思维导图布局。她爱吃的水果就是思维导图的"脊椎"部分，也就是中心，确定后就不会再跑题。

2. 细化框架"骨骼"。

确定好思维导图的"脊椎"之后，就要围绕中心展开主题联想，进一步细化"骨骼分支"。比如，这个水果的外表是什么样的？味道如何？对身体有什么好处？小朋友为什么喜欢这个水果？

引导孩子一步一步敲定文章的"关键词"，这相当于把主题中心思想慢慢辐射到另外设定的领域，从而使写作思绪绵延不绝地展开。在细化"骨骼"的过程中，也在考查孩子思维的内在逻辑性。

3. 填充"肌肉血液"。

在前面两个步骤中，利用思维导图让作文有了骨架，下一步就该填充"肌肉和血液"了，这十分考验孩子的语句和词汇积累，这样才会让作文有血有肉。

　　辅导孩子写作文时，家长可以提前和孩子一起讨论和绘制思维导图，慢慢强化孩子的语言逻辑思维，至少能根据大体框架写点儿东西出来。

　　小学生写作文，往往是一种情绪性的写作，家长要做的是帮助孩子把内心的情感调动出来，让他自由自在地表达，而不是以各种高压手段限制他的想象力。

/第五章/　成长关键词：用心

学习上，做孩子最靠谱的盟友

第1节
亲子关系是一切教育的基础

据说，当下检验亲子关系的唯一标准，就是辅导孩子写作业。当看到"辅导作业被封为破坏亲子关系的头号杀手"这样的描述时，我的内心里是五味杂陈。

父母对孩子的爱是最无私的，更是全身心的付出，本应自然地融入学习和生活的方方面面。如今，辅导作业竟然对亲子关系产生如此大的破坏性，将父母和孩子之间的爱恨情仇全部浓缩在晚间这段必经的时光。

特别是各种新闻报道和自媒体，也会时不时冒出因辅导作业而渐入崩溃的家庭。比如，丈夫因妻子辅导孩子写作业太严格而动手家暴，妈妈因孩子写作业屡次做不对而气到跳河，还有家长陪孩子写作业而情绪失控拍桌子把手腕拍骨折的，甚至有的家长气到心脏病发作……

这些报道虽说有些夸张和戏谑，但陪孩子写作业真的是一件费力不讨好的事。每每抱着猎奇的心情刷完全国网友的魔性评论，我都会一边默默回忆那些扎心的瞬间，一边笑着流下眼泪。

女儿刚上学的那一年，是我忧郁不知所措的一年，是我家随时硝烟四起的一年，更是我们母女俩鸡飞狗跳的一年。不为别的，就是因为焦虑的我开始辅导孩子写作业了。

整整一年，让我最头大的就是辅导女儿的数学课业。幼儿阶段完美地错过"数学启蒙"，幼小衔接时，接受的是强调独立和自由的蒙氏教育。几次考试后，女儿便与班里一些入学前就学完整本数学书的同学拉开了差距。

没基础，再加上女孩子的数学思维不敏捷，吸收得慢，她每天写作业都要折腾到夜里 10 点。有时，为了帮她巩固所学内容，我还要额外布置一些习题。

教一次没学会，我脸上可能还会堆着笑，深吸一口气继续教。教两三次还是没反应，我的内心开始狂乱，紧咬牙齿，鼻翼翕动，额角的青筋开始随着呼呼的粗气声一跳一跳的。再教一次还是做错，我的火气就蹭了上来，声音不仅陡然高了七八度，戳在女儿脑门上的手指都让我自己感觉生疼。

孩子刚入学那一年，每天晚上，在那张小小的书桌前，我都重蹈着声色俱厉，孩子循环着眼泪鼻涕。于是，每当双休日爸爸在家时，女儿都会先声夺人，一定要求爸爸坐在旁边辅导。

那一刻，我全然没有因为甩锅而感到身心解放，反而有一种怅然若失的感觉。

记得小时候，父亲对我的学习要求极其严格，每次想像其他孩子那样跑出去玩儿，都要偷偷瞄一眼父亲的脸色。儿时最大的愿望，恐怕跟如今的女儿一样，就是守在电视机前看上一两集动画片。

可是，时间转眼到了今天，同样的往事继续上演——我一面讨厌曾经被父亲管教的样子，一面又活成记忆中父亲的老样子。

女儿很乖巧，也很懂礼貌，让她做的事情都会很好地完成。只是随着她的年龄慢慢增长，我对她的要求越来越多。

一次，因学习习惯的养成，我下重手打了她，那一刻，我们感觉时间都凝固了。之后的几天，女儿和我不亲密了，不会像之前放学后开心地与我交流，或者放学时明明离得老远也会飞速地朝我跑来，然后一个生扑将双手吊在我的脖子上打提溜。打完提溜，我会照例无比幸福地说一句："哎呀，救命啊，你要把妈妈的脖子揪下来啦。"

现在，女儿开始有意躲着我。我刚张开双臂想要抱抱她，她会一把将我的手甩开；睡前，我想亲吻一下她的额头，她会皱着眉头，把我贴过去的嘴巴顺手推开。

那一刻，我的心里很不是滋味。这是我从襁褓中寸步不离一手带大的孩子，却因辅导学习时态度粗暴而跟我有了陌生感。那一年，她才不到7岁。于是，我做了一个决定：第一，试着让自己闭嘴；第二，跟孩子缓和关系。

之后，我重新制订了作息时刻表，回到家，吃完饭后便带着女儿一起做游戏或者下楼打羽毛球。每晚她放学回家，我不会像之前那样强迫她写作业了，并且写了一张"检讨书"挂在书桌最醒目的位置。当我忍不住再次想要出手时，检讨书就是最好的"镇静剂"。

直到有一天，女儿依偎在我身边，小心翼翼地说："妈妈，如果你每天都能这么好，我就不害怕也不讨厌你了。"这句话体现的就是人性——当孩子被尊重了，她就会学着尊重父母。

日本学者诧摩武俊指出："不管你立足什么理论，在从婴儿期到儿童期、青春期的人格形成过程中，父母与子女的关系是一个极其重要的构成因素。"

不得不说，女儿作为我唯一的孩子，促使我将所有的精力都投放在她的身上，无疑容易放大孩子的缺点。

1. 为孩子营造宽松的家庭环境。

家庭教育中，最重要的就是亲子关系。孩子在写作业之前，内心是十分复杂的——有想玩又必须写作业的煎熬，也有担心因作业问题而被父母责骂的战战兢兢，无形中便将不舒服的感受传递给了父母。如果父母能够轻松接住并尝试自我消化负面情绪，适当地倾听孩子的感受并加以安抚，相当于给孩子创造了一个包容性的生活环境，能更好地引导他认真学习。

2. 家长的认知决定处事的情绪。

身为父母的我们在情绪失控时，内心本就隐藏着对孩子过高的期望和要求。比如，很多孩子从踏入家门开始，就被家长催着写作业。至于作业多不多，在校期间有没有遇到不开心的事，好似没那么重要。

我曾经问过女儿："你回家后最讨厌的事情是什么？"她的答案是："讨厌被妈妈催着写作业。"这句话就像妈妈关心的是作业，而不是孩子这个人。

所以，当你和孩子沟通不畅的时候，不应先去质疑对方为什么总是不听话，而要反思自己的表达是否有问题。

3. 没有良好的亲子关系就谈不上有好的家庭教育。

亲子关系不只是血缘关系，更是情感生活和心理感知的评估。

无论工作多忙碌，父母是否每天都会留点儿时间给子女？是否能够经常保持愉快的心情与孩子相处？亲子间发生冲突时，是否认为一定就是孩子的错？经常与孩子有亲密的接触，包括捏脸、拍肩、拉手和拥抱，你做过没有？

也就是说，一个有爱的家庭，能让孩子感受到被爱；一个工作狂的家庭，亲子关系也不会特别友好。

理想的亲子关系就是"用心教养"，当孩子每次回望我们的时候，都能感受到来自父母的关心和爱护，才会勇敢无畏地面对未来。

喊叫不仅不是解决家庭教育的方法，反而是一种情感虐待，会极大伤害亲子之间的关系。如果驴嚎叫管用的话，它可能早就统治世界了，不是吗？

第 2 节
辅导作业是父母谁的事

教育专家指出："家庭教育不到位，不仅会抵消学校教育的效果，还会给孩子的发展造成一定的消极影响。"所以，要注重家庭、家教、家风，把家长引导和培育成立德树人的有生力量。

关于孩子的教育问题，相信每个家庭都有共同的难题。当代家庭教育的普遍现象是：爸爸没咋出力，妈妈用尽蛮力。

不知大家有没有发现，无论是孩子班级里还是各种补习班的交流群，但凡有个风吹草动，第一时间跑出来搭腔的基本都是妈妈；孩子的考试成绩不理想，作业质量不高或者在学校调皮捣蛋，第一时间跑出来"挡枪"的也是妈妈；就连老师需要与学生家长沟通时，第一时间想到的还是孩子妈妈。

事实上，我不止一次听到这样的抱怨，几乎大部分的妈妈也包括我都有这样的困惑——感觉在这个家里，或因爸爸工作繁忙，或夫妻双方两地分居，或夫妻无语交流等，爸爸很少能分担妈妈辅导作业时来自精神和体力的双重压力。

久而久之，妈妈"大包大揽"式的辅导让孩子感到厌烦不领情，也让爸爸觉得这份付出是理所应当。一旦孩子在学习上遇到问题，甩锅第一名的爸爸就会跑出来指手画脚：

"你天天都在管孩子，也没见把孩子教得很好。"

"你的教育方式根本就行不通，孩子怎么会听你的？"

"不要总是强迫孩子写作业，他慢慢地就知道主动写了。"

不得不说，平常辅导孩子学习的过程中没能显出爸爸的能耐，但第一时间指责妈妈不会带娃，爸爸向来都是一把好手。

两个家长在教育观点和教育方式上的分歧和相悖而行，对孩子来说有很大的危害。最常见的就是一个在管，一个在推，并在孩子面前因教育问题发生莫名其妙的争吵。

我家也遇到过类似的情况。老公平时出任务，偶尔双休日回来一次，对女儿各阶段的学习情况都不熟悉，却总感觉自己在教育孩子时比我有"逻辑性"，甚至更胜一筹。

当我在老公面前让女儿写完作业再出去玩儿，孩子嘟着嘴巴很不乐意时；当我让女儿在规定时间内做完口算题，孩子皱着眉不想完成时；当我让女儿认真订正试卷上的错题，孩子推三阻四拖着不想做时——明知道这些不愿意是女儿学习上的偷懒耍滑，老公却还是会一边安慰女儿的情绪，一边埋怨我，说我的决定如何不妥当，不要总逼孩子学习。

就这样，难得现身的爸爸除了不现身，只要现身，就会云淡风轻地在孩子面前轻松刷出"存在感"。即便看到女儿因有自己"撑腰"而对我摆出一副胜利者的姿态时，老公都不愿意承认"诈尸性育儿"对我和孩子造成的影响。

这也是爸爸很少参与教育，孩子却永远拿他当盘"菜"的原因。作为游走在辅导孩子学习过程中的"边缘人"，爸爸总会巧妙地"鼓励"孩子在任何情况下反对妈妈的做法，而让父爱权威显得不那么紧绷，孩子自然而然就喜欢亲近他。

后来，我平心静气地跟老公交谈过这个问题，并下了"最后通牒"：以后无论他是否回家，在教育孩子学习这一块主要由我负责。特别是他在家时，我辅导女儿学习他不能插手，也不能多嘴，更不能在女儿面前抱怨我的教育方法不得当。

慢慢地，缺失的爸爸、焦虑的妈妈和有问题的孩子，这种很多家庭存在的问题，在我家渐渐得到了缓解。

著名心理学家格尔迪说："父亲是一种奇特的存在，对培育孩子有一种特别的力量。"

虽说中国家庭一般是"女主内男主外"，但在女儿刚入学时，我还是希望在孩子的教育中，爸爸能成为主力，妈妈只是辅助。毕竟，爸爸是神经大条的粗线式管理，特别是在数学学习的辅导中，会无限拓展和延伸孩子的思维，有利于孩子的学习和吸收。妈妈的教育方式则比较琐碎，容易焦虑和攀比，甚至还会絮絮叨叨，这就压抑了孩子的天性，让他不能自由发挥。

可梦想还是败给了现实，爸爸这个角色在家庭教育中根本无法鲜活起来，大多形同虚设。后来，我被迫从理想中的合作分工慢慢降低期望，只希望身边的"猪队友"不在我教育孩子时指手画脚就行了。

1. 重新审视孩子的问题。

针对孩子学习和生活上的问题罗列清单，哪些习惯可以默许，哪些习惯需要及时调整。在双方意见达成一致时，家长要努力朝着目标方向教育孩子，避免因出现分歧而争吵。

2. 意见相左要保持尊重。

当妈妈辅导孩子学习的做法让爸爸觉得不妥当，或者当下爸爸觉得有更好的处理方案时，爸爸不要轻易地掺和进去，除非妈妈要求这样做。可以事后全家人开个家庭会议，开诚布公地讨论有分歧的意见。这不仅能让孩子知道在一件事中可以同时存在尊重和反对的声音，也会让他学会如何更好地处理事情。

　　我认为，家庭辅导并不是简单的知识讲解，父母应该意识到，在陪伴过程中需要常抓不懈的是孩子基本习惯的养成。而育儿路上，父母也不该有分工，双方都应认真积极地参与进来。爸爸理性，妈妈感性——爸爸应注重与孩子的思想交流，妈妈则应侧重对孩子的情感沟通。

　　有句话说得好：教育孩子最大的天敌，就是爸爸和妈妈"相互拆台"。一个好的家庭环境，更适合培养出双商高的孩子，同时也倡议爸爸回到家能放下手机，多关心老婆和孩子，多关注当下的生活。

第 3 节
听孩子说，胜过对孩子说

　　教育专家蒙台梭利说过："父母在帮孩子健全人格发展的过程中，常被人忽视的就是人性的特质——孩子精神上的需要。"

所以，用对的沟通方法教育孩子，一直是国际公认的教育方式。

好友叶子的孩子芸芸自入学就成绩优异，乖巧听话，虽然比女儿大两岁，却是我们不断学习的榜样。

大家好几个月没有见面了，我就约叶子一起吃饭，顺便聊聊孩子的学习情况。只是在席间，那个曾经活泼可爱、喜欢拉着妹妹的手说悄悄话，又喜欢追着大人一路话痨的芸芸"不见了"，而是一直低头玩手机，或者闷闷地坐在一边不说话，即使我几次试图跟她打招呼，她也同样是爱理不理。

坐在身旁的叶子则是满脸讪讪的表情，还时不时地吐槽孩子几句。

叶子说，芸芸现在变得不愿意说话了，不像刚入学时喜欢和她窝在沙发上八卦学校每天发生的趣事，而是放学回家就把自己锁在房间里，不让妈妈进去辅导学习和检查作业。让她颇有微词的是，每天不知道孩子是真的在学习，还是偷着玩手机。

我用余光瞟了一眼芸芸，感觉她的眉毛怒气冲冲地向上挑。随后，她把辫子往背后重重一甩，"啪"的一下把手机拍到桌子上，然后拔腿而去。

"看吧，现在都说不得了，以后你可别学姐姐这样。"叶子对我女儿说道。我们面面相觑，谁也不敢再继续说话。

后来，叶子在微信里跟我有一句没一句地吐槽孩子的变化。她说女儿随着年龄的增长，越来越不听话，也不喜欢跟父母沟通聊天，有时追问半天也不一定能把她的嘴巴给"撬开"。

我问，是不是因为你自己"不会说话"，所以把天给聊死了？叶子努力回想着，终于让我在她的描述中找到了蛛丝马迹。

原来，无论芸芸与妈妈聊学校发生的什么事，最后叶子都能扯到学习上。

本来，芸芸想好好跟妈妈分享一下身边有趣的事，可往往都是无语收场。比如，芸芸曾跟妈妈聊起同桌男生因为跟前排的同学说笑而被老师罚站，叶子听后的第一反应，则是以质问的语气问道："你上课也跟那男生说话了吧？他怎么可能只跟前排的同学说话而不跟你说话？"

一次考试后，芸芸说班里好几个同学因成绩特别不好，家长被老师请到了学校。没想到，叶子听后按捺不住焦虑不安的情绪，对芸芸说："你要好好学习，万一日后被老师请家长，我是不会去的。"随后，又吧啦吧啦对女儿进行一顿说教。

渐渐地，芸芸失去了跟妈妈沟通的欲望，这就成了她们亲子沟通散场的开始。后来，变成叶子每天追问孩子当天在学校发生了什么事。千篇一律的开场白，也让芸芸的回答越来越模式化："嗯，今天没啥事，都挺好的……"再追问，芸芸明显不耐烦，有时候忍不住发脾气，有时候干脆躲在一边玩手机。

我对叶子说："芸芸之所以变成这样，多半跟你的沟通方式有关系，隐患往往就藏在日常的交流里。孩子主动分享自己的喜怒哀乐，妈妈不懂聆听；妈妈不按套路出牌的聊天方式，也令孩子无比讨厌。"

叶子也承认，那天聚会结束后，孩子就跟她大吵一架，问她是不是在妈妈的眼里一无是处。她说："我的本意只是希望通过打压教育，让女儿变得更优秀。"

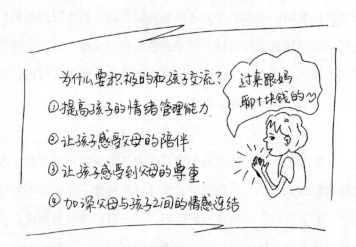

身边的很多家长表示，刚把孩子送入学校的那段时间，无

论家长问孩子在学校发生了什么事，他们总是乐呵呵地八卦着校园里的趣事。家长也会从孩子的言语间了解到班级情况。

后来，因为家长"不会说话"，动不动就带有目的性地聊天、习惯性地下结论、急于否定孩子的观点，不仅使原本看似轻松快乐的聊天缺乏情感互动，也使孩子的心理和情绪时刻处于应激状态。

那么，好的聊天方式应该是什么样的呢？

1. 令人放松的。

当孩子主动跟家长说起在学校发生的事情时，家长要懂得及时回应孩子的情绪，顺着他的"聊天邀请"，继续把话说下去；当孩子朝家长发出不想写作业、不想学数学等牢骚时，家长不能立马绷紧神经。

其实，孩子不是真的不想学或者不想写，只是在宣泄内心苦闷的情绪，寻求来自父母的安慰。此时，家长应该耐心揣摩孩子的情绪，不否定先共情，认真倾听孩子的心声。

2. 找话题切入。

家长如果直截了当地问孩子"今天在学校过得怎么样"，如此抽象笼统的问题会让孩子很难回答。家长可以将话题具体化，如今天的语文课有什么好玩的趣事，课间休息时跟同学玩了什么游戏等，都能让孩子滔滔不绝地聊到停不下来。

3. 谈别人的事。

有些孩子对家长直接询问在学校的状况可能有些警觉，家长不妨先从别的孩子聊起，适度地发散性聊天，可以让话题持续下去。同时，家长要时刻将注意力放在回应孩子的情绪上，只倾听不说教，更容易让孩子说出更多的心里话。

孩子非常在乎父母是否全身心地关注他的成长。有些父母虽然与孩子天天生活在一起，但不一定经常沟通；有的父母以忙为理由，忙家务、忙事业、忙看电视、忙刷手机、忙打麻将等，同样忽视了与孩子的沟通和交流。

会聊天，是保证家庭成员相互尊重、相互关爱必不可少的沟通技能。这年头，不学几招与孩子聊天的套路，怎能轻易拉近亲子关系呢？

第 4 节
尊重老师，从认真交作业开始

家长和老师的交往，永远是一个热点而又敏感的话题。

第一次做家长的我们，在把孩子送入学校后心里会忐忑不安，想着如何跟老师搞好关系，往往又因各种不得法而适得其反。

某日，女儿的同学小土豆妈妈在私聊群里发了几张"杠精家长"怒怼老师的微信截图，末了还提醒我们要"慎重观看"。

原来，小土豆的班级在新学期更换了班主任，这是一位刚出校门的"教坛新秀"，没想到刚上任还没一周，就跟家长群里的"杠精家长"来了一场关于信任的邂逅。

这位男性家长不知是真的工作很闲，还是本着关心孩子教育和班级建设的目的，无论是班主任的语文学科教学，还是日常班级管理，好像怎么做都不能让他感到满意。接下来，总结几个精选的吐槽例子：

当看到老师将公开课的板书发在家长群里，其他家长都清一色地对老师表示赞扬并发表感恩和暖心的话时，只有"杠精爸爸"看似漫不经心实则充满鄙视地吐槽老师的字写得"不太好看"；老师在双休日给孩子布置了家庭作业，当其他家长认为孩子完全能够承受时，只有"杠精爸爸"不分青红皂白地污蔑老师剥夺了孩子周末休息的"权利"；当老师在家长群里发出新学期统一订购校服的缴费通知时，又是"杠精爸爸"认为价格超标而不愿意给孩子购买；当他的孩子因没有完成家庭作业被老师批评时，也是"杠精爸爸"第一时间在群里怒怼老师缺乏师德，伤害了孩子的自尊……

这位"杠精爸爸"对老师的不信任，像是一种病毒，开始在个别家长之间疯狂蔓延。没过几天，就有另一位女性家长在群里附和。

据小土豆妈妈回忆，一天，新来的班主任突然在群里通知以后不留作业了，让各位家长自行带着孩子复习。经多方询问才得知，原来这位"杠精爸爸"一个电话打到教育局，投诉班主任讲课不见得有多好，每天留的作业倒是很多。

令老师颇为无奈的是，"杠精爸爸"一面在群里吐槽老师的教学能力，一面又阻止儿子完成家庭作业。"杠精爸爸"这种"搅浑水"的做法，终于让群里对他颇有微词的家长抑制不住心中的怒气。

"你家孩子不愿意写作业可以不写，凭什么要连累全班同学？"

"强烈要求老师恢复布置作业，呼吁那位家长给孩子转学。"

"放养孩子是你的权利，维护班级和老师的利益更是我们的义务，请你为了孩子的健康成长，抓紧退群……"

在一连串的斥责声中，"杠精家长"终于被逼自动退出群聊。最后，还是孩子的妈妈在群里替老公收拾烂摊子，不停地对着老师和各位家长赔不是，并保证监督孩子认真完成作业。

看完聊天截图，我如鲠在喉。班级群里的"杠精家长"常有，但像这位爸爸杠得这么真的家长不常有。他以为自己喝了几碗育儿心灵鸡汤就成了信步天下的英雄俊杰，却不知自己是在凭实力狠狠"坑娃"。

后来，据小土豆同学的描述，那位被爹"坑"的同学不仅学习成绩差，其他同学也不愿意跟他一起玩。

如今，一些家长与老师的冲突基本都围绕"作业"这个话题展开，如认为老师布置的作业太多了，让家长在作业本上签字是老师的不负责任等。

殊不知，分数是对孩子学习成果的检验，作业是对学生听课问题的反馈。只有家长认真监督并积极配合老师的工作，才能在一定程度上给予孩子最大的帮助。

1. 作业存在即合理。

课前预习、学习新课、课后作业、纠错巩固，对孩子来说是一个完整的学习过程。如果连日常的基础作业都不能保证孩子按质按量完成，你又有什么底气质疑老师的教学质量？凭什么要求孩子的学习成绩要好呢？

监督孩子按时完成作业，不仅是家长应该履行的职责，更是对老师辛苦教学最起码的尊重。

2. 家长有话好好说。

在孩子成长的道路上，老师和家长本就担负着同样的责任和使命。即便因老师的某些做法不当而产生不满，本着为孩子着想，家长也应私下与老师好好沟通、协商解决。

凡是家长不与学校配合的，不懂如何尊师重教的，由此给孩子带来的结果往往也是悲剧性的。

3. 体谅是最好的开端。

面对不熟悉的学生、不信任的家长，新任课老师是十分辛苦的，但更换老师，也是孩子学习生涯中不可避免的现象。

与新老师的磨合期，需要家长引导孩子理性对待，切忌在孩子面前戴着挑剔的"有色眼镜"吐槽老师，家长的负能量只会延长孩子的适应周期。

日本畅销书作家伊坂幸太郎说："一想到为人父母不用经过考试，就觉得真是太可怕了。"家长跟老师接触的目的，无非是让老师多关注自己的孩子。在群里"大胆"怼老师，家长看似一时怼了一时爽，却没有切身为孩子想一想，接下来要如何让他在老师和同学面前自处。

所有的儿童教育都是从家庭开始的，因为父母是孩子的第一任老师。为了孩子有个美好的未来，请从真正尊重老师开始吧，希望我们都能做有理智的家长。

第 5 节
引导孩子定期做好学习总结

家长在辅导孩子学习时，思想上很容易犯错，也包括我自己——发现孩子学习上存在屡教不改的问题时，常常惯性地将其归结于外因，如学校环境、老师的教学能力、课外辅导班水平等。

当孩子每次考试考得不好时，更是悲从中来，不但无法冷静，还会对着孩子轻则训诫、重则打骂，在孩子的伤口上狠狠地撒一把盐。

虽说这些原因多少跟孩子的学习成绩挂钩，却不是提升孩子成绩和养成良好学习习惯的主要路径，重要的是家长要引导孩子做好归纳和总结。

依依是女儿数学辅导班的小学霸，在她们一起学习的两年时间里，每次大小考试，她都能考出好成绩，让我对别人家孩子的羡慕之情如滔滔江水连绵不绝。

与辅导班老师私下交流得知，依依的成绩之所以拔尖，主要得益于她有一个让她保持优秀学习习惯的妈妈。

依依妈为人友善，但也是出了名的"鸡血"，在辅导孩子学习方面，不仅有超出一般家长的卓识远见，还对孩子的学习规划有着非常清晰的认识。

最让老师钦佩的一点是：自打孩子进入辅导班，依依妈每周都要带着她写一份简单的学习总结，并要求老师对孩子的学习状况进行"复盘"。

据说，专门用来总结的数学试卷、错题本和每次考试用到的草稿纸，依依妈都会细心、分门别类地根据教学单元帮女儿装订成册，然后定期对上面存在的问题进行归纳和总结。这些整理好的复习资料若是叠在一起，大概有五本《新华字典》那么厚。

起初，依依不知道什么是学习总结，也不明白为什么妈妈总是动不动就拉着她讨论问题。有时光用嘴巴说还不行，还要对着做完的试卷和错题本翻一翻，必要时还得拿出笔来写一写。

有一阵子，依依也很排斥这种做法，经常皱着眉头跟妈妈对着干。毕竟在她眼里，妈妈要求做的这些都不是老师布置的家庭作业。一次，母女俩因做学习总结产生的"分歧"，还闹到辅导班的班主任那里。

"每周妈妈都对你的学习情况做系统总结，帮你找出学习中存在的问题并去改正，这很不容易，也让老师清楚地了解到你在学习上的不足和进步，只要一直坚持下去，就会有更大的提升哦。"细心的班主任应依依妈的要求，不断安抚那个痛哭流涕的小女孩。

虽说对不谙世事的孩子来说，父母的良苦用心并不能让她瞬间就能想明白这些事，但正因依依妈对这件事坚持得足够久，也让孩子在磨炼中使习惯成为自然。

如今，依依已能在妈妈的帮助下，自己独立完成每周或者考试后的学习总结。虽说只是寥寥百字，却是这对母女坚持近两年的结果。

有句话说得好：学习成绩好的孩子不一定是最聪明的，但课后总结和定期总结一定是他们的绝招。

女儿刚入学时，老师也曾建议家长为孩子整理错题本。但这没有引起我足够的重视，以至于她在学习上的错误重复犯了很多次，最后屡屡考砸才能让我记得住。

第一次听辅导班老师提起依依妈的做法时，我一边羡慕依依的分数，一边又有些质疑她妈妈的坚持。毕竟，我们对总结并不陌生，工作时的各种周报、月报和年报都让人麻木了，一是工作久了，总结内容基本没有什么大的变化，二是写出的各种总结大同小异。由此联想到给孩子每周做学习汇总，想必会让人觉得无比枯燥。

听到我的疑惑，班主任随后送给我这么一句话："在老师看来，定期对孩子做学习总结就相当于复盘，能及时掌握和反思孩子学习上的不足，一边对学过的知识做深度梳理，一边对新课内容进行认真规划，总会有收获的。"

正所谓"吾日三省吾身"，总结不仅适用于职场，也适用于孩子的学习管理。

通过总结，可以帮孩子把记忆中零星的、学得不扎实的知识联系起来，运用错题本和草稿本将存在的问题进行全方位、多角度的综合分析，这也是最有效的学习方法之一。

1. 学习态度的总结。

小学低年级的家长可以将关注点集中在孩子的学习习惯上，如有没有按时完成作业，写作业的态度是不是积极认真等。小学高年级的家长除了继续强调孩子课内外学习习惯的养成，更要将关注点放在孩子学习思维的培养上，并将这种能力贯穿在学科的学习中。

2. 学习经验的总结。

从错题中找不足，带着孩子一起调整学习方法，以突破知识瓶颈。

家长带着孩子做试卷总结时，首先要分析孩子的哪门学科发挥正常，哪门学科存在短板，然后根据得分和丢分情况在试卷上查漏补缺。

3. 多跟自己做比较。

一定不能拿自己的孩子跟别人家的孩子比，因为每个孩子的学习方法、学习习惯和家庭教育都不一样，成绩自然有好有差。如果总结时用自己孩子的短板，死磕别人家孩子的长处，不仅会打击孩子的学习积极性，还会造成他自卑和逆反的心理。

海明威说："真正的高贵，是优于过去的自己。"

经常让孩子回头看看自己走过的路，会让他在未来的道路上少跌几个跟头。

第 6 节
有一种包袱叫"考前焦虑"

儿时上学流传一句顺口溜："考考考，老师的法宝；分分分，学生的命根。"

临近考试，无论学生还是家长，多多少少会体验到担心、烦躁、恐慌和无奈等情绪。在强大的压力下，考生都会在自我保护的应激状态下莫名地生出焦虑感。

虽说考试是学生在学习生涯中最频繁发生的事情，从小学到高中要经历大大小小、成百上千次的考试，但对小学生来说，"闻考色变"很正常——毕竟跟"久经考场"的老手相比，孩子们小心脏的抗压能力多少会欠些火候。

考前出现焦虑的情绪，会使孩子在考试时发挥失常。这便是考前焦虑的副作用，知识的暂时性遗忘会影响孩子考试时思维的正常发挥。

之前，一到女儿期中或期末这种分量级的考试时，我就很头疼。平日里，她学习认真，单元测试时成绩相对稳定，唯有一年两次的重要考试都会不理想。看到不该错却答错的试卷，我的内心真的很不甘。

有一阵，老师很重视女儿的这个现象，并根据我的描述给了很多改善性的建议。其中一条便切中了我的要害，那就是不要让孩子在考前有压力。

说到考前压力，我的内心不由得为之一震。因为在女儿考试前，我的焦虑情绪的确会不由自主地比她来得更早些，多半是对她本次考试成绩的期待或担忧。

这还真的是应了那句话：父母的焦虑源头，除了生活就是孩子。我就是这样做的：孩子出生后就不停地操心，长大后到报兴趣班，再到考试时不希望被别的孩子比下去。于是考试前，我都会像唐僧一样追着女儿碎碎念，诸如：

"不能紧张，要认真读题啊！"

"要考试了，每科不能少于90分啊！"

"简单的基础题，不许给我出错啊！"

"考得好，带你去海边玩、吃大餐呀……"

我觉得这样的激励会让女儿变压力为动力。殊不知，这种考前激励疗法，反而让孩子在潜意识里害怕让家长失望，继续加重紧张和焦虑的情绪。

除此之外，为了在考前帮助女儿做好最后的冲刺，我还会让她一遍遍地"刷题纠错"。看到口算题出错时，便会立马埋怨道："看看吧，让你平时多练习，你就是不练。"遇到阅读理解有问题，便会生气地说："为什么不做完题目后再仔细检查？"抓到作文里出现丢字、漏字，就会自责平时让她吃得太饱、作文写得太少。

"题是永远刷不完的，错也是永远改不完的。希望孩子考出好成绩可以理解，但过于逼迫，效果反而适得其反。"微信里，老师一番话惊醒了我。

想想自己儿时考前的情景，也会因家长的某句话而不自觉地紧张：脸色变红、心跳加速，甚至写卷子时手还有点儿发抖。虽然父母也在一遍遍地告诫我考试时千万"不要紧张"，但严厉又期盼的眼神已在我的心中留下烙印。

日本心理研究大师森川阳太郎在《如何培养不怯场的孩子》一书中提及：情绪本就是不可控的，如果再强硬地将其否定，就会导致孩子在正式场合将大量的思考精力浪费在控制情绪上，从而导致发挥失常。

这句话很好理解。别看孩子年龄小，实则他的内心非常敏感，父母的焦虑情绪也会被心思细腻的孩子很快捕捉到。于是在潜意识里，孩子考试时出现紧张源于他对未知分数的恐惧。

家长只有从根本上先甩掉"焦虑的包袱"，才能让孩子在考试中轻松发挥出真正的实力。

1.不要压制紧张。

家长既不能制造紧张，更不能让孩子压制紧张。毕竟考前紧张是正常的心理反应，但紧张过度或者过分放松，都不利于孩子考出最佳水平。所以，考前最重要的是帮助孩子做好心理疏导，如冥想放空，或做喜欢的事情转移情绪等。

2. 利用日记宣泄紧张情绪。

对于高年级的小学生，鼓励孩子写日记是考前"甩包袱"的好方法，既能通过文字识别自己的情绪，又会用文字给坏情绪找到出口。

3. 正确看待考试。

让孩子知道考试只是对当前学习情况的检测，帮助孩子找到知识的薄弱点，哪些地方还需要进一步强化，但不能让孩子觉得他考成什么样家长都可以接受。可以根据孩子的日常学习状况确定一个"分数底线"，鼓励孩子朝着这个目标努力。

4. 对孩子多加包容。

考试在即，家长都希望孩子能认真复习，但有些孩子受平时家庭教育影响或其他情绪驱使，难免对复习任务失去耐心。比如，因考前复习时与父母发生言语冲突，或者变相偷懒逃避学习任务：

"我困了，不想再背了，下次再背吧。"

"今天不写了，明天再写吧……"

家长看不到孩子的实质行动后，便开始用高嗓门来指责孩子的"反抗"。

在孩子考试前，家长应该怀有一颗包容的心，就像老师说的那样：孩子会的自然什么都会，不会的怎么刷题也是不会。最重要的是，不要忽视孩子心理上的压力。

后来，我慢慢想通了，考前对孩子最大的鼓励就是什么也不说，什么也不说反而更好，能让孩子保持愉快的心情进入考场。

第7节
"逼"孩子学习是家长的责任

跟我一样辅导孩子作业的家长，常常会在孩子的辛苦和成绩中纠结：怎么能让他学得不累，又能拥有好成绩？

其实，学习从来就是一件辛苦的事，想想我们自己，谁不是数年寒窗苦读、饱受艰辛过程的"受害者"，又是用知识缝制铠甲、修成正果的"受益者"。

如今，好多家长有不同的教育观念，特别是在要不要"逼"孩子学习的问题上，他们很明显地分为两派：一派是"虎妈"，坚持用传统的方法培养和引导孩子的兴趣输入；另一派是"佛系老妈",追崇快乐教育,不加限制地完全尊重孩子的意愿,希望以此培养一个有爱、有自由的人。

虽说我反对超前教育,但也反对滞后教育。任何事情非黑即白地走上极端,都是反智的。

可是,少不更事的孩子又能对自己的未来有多么清晰的认识呢?他们只会在学习过程中,把不快乐的感受不断放大。于是,父母跟着纠结:逼,怕孩子的童年有阴影;不逼,又怕孩子以后有压力。或许只有长大后,他们才能顿悟:如果当初父母能使劲"逼"自己一把,人生的命运就有可能改写。

有个年龄稍大的朋友老杨,是快乐教育的奉行者。用她的话说,只要孩子不喜欢,自己身为家长绝对不会强迫。

于是,这种让孩子享受自由的"散养"真的成了"放养"——从小时候开始,儿子不喜欢的兴趣班绝对不报,永远都是各种开心玩;待孩子上了学,同学们都在各种辅导班里寻找兴趣爱好时,她却担心孩子学习太累而选择"减负"。

老杨也想得开,觉得小学成绩不太重要,只要中学能学好就行了,毕竟孩子的健康和快乐才是第一位的。结果,到孩子小升初时她傻眼了,孩子的成绩已经下滑到给班级拖后腿了,她赶紧问我认不认识比较优秀的老师给孩子做个冲刺。

其实,从小没有养成良好的学习习惯和态度,即便临时抱佛脚也只是短时间有效果。后来，我只知道老杨花重金把儿子弄进私立学校，想着从初中开始狠抓孩子的学习习惯，结果课程增加了一倍多，作业量大，知识点密集，使孩子更加难以承受，越来越叛逆。

放养是孩子坏习惯与不自律的重要外因，父母走错一小步，就会耽误孩子好几年。所以，家长若不"逼"孩子经历学习的艰难，又如何让他穿越黑暗的隧道，看见更美好的阳光？

说说我自己吧，自认为是个极其自律且对孩子学习也很上心的人，理由很简单，就是因为生了女儿，所以要对她负责。

从女儿入学时，我便制订了严谨的作息时间表，养成她学习、生活的规律，然后我一边狠抓她的学习态度，一边摸索培养她的学习习惯。总之，什么时候写作业，什么时候玩，都被表格"安排"得妥妥当当——每日的学习任务完成了才能做自己喜欢的事，若因周末出游而导致学习计划未完成，也会让她找时间补上。

虽说论拼命，无论财力还是实力都比不过北京海淀区的家长，我这个费力不讨好的妈妈也一度让孩子抵触、让老公费解。每每看到女儿端正的学习态度和学习劲头，无论是自觉还是外在压力，都很让我感动——孩子被"逼"着学习可能是残酷的，但背后可以看出父母培养孩子各项特长的远见和指引孩子走向成功的决心。

美国著名作家安娜·昆德兰说过："有些路很远，走下去会很累，可是不走又会后悔。"

世界上最大的遗憾不是失败，而是我本可以成功。让孩子拥有快乐的童年本没有错，但是快乐不等于家长对孩子的学习态度无原则地放纵，而是在一些事上"逼"孩子一把，不仅会让孩子少走弯路，也会让他在未来更有保障。

1. "逼"孩子养成好的学习习惯。

排除经济因素，身边也有些家长不屑给孩子报任何辅导班和兴趣班，认为"孩子不想学"，家长就不能硬逼。但家长一味纵容孩子的任性，任由孩子在本能中长大，未来成功的可能性也不会太大。

家长要与孩子交流想法，将自己的意见摆出来由孩子选择一种喜欢的特长和兴趣，坚定地让他学下去。

2. "逼"孩子坚持自律。

人生下来都有惰性，这正是教养的意义所在。虽说孩子读书要看天性和潜质，家长不能完全用自己的理想心愿来约束，但引导孩子自律，可以帮他树立积极的目标。

其实，学霸的成功也不一定是自己喜欢学习，而是在家长的约束和引导下坚持的结果。所以，指望孩子自觉学习，就是对他的不负责。

3. "逼" 孩子在应试中求生。

虽然很多人诟病应试教育，但在无法改变这种环境的情况下，家长只能帮孩子去适应，提升孩子在众多竞争中脱颖而出的应试能力。能力的形成就是肯吃苦，不惜一切代价地努力学习。

孩子的很多学习习惯不是一蹴而就的，而是在父母反复督促、数次监管下慢慢形成的。

所以，趁着孩子还小，要尽量让他形成良好的学习习惯和学习态度，培养优秀的学习能力。

> **第 8 节**
> **珍惜辅导孩子学习的时光**

说到辅导孩子作业，家长的各种吐槽如排山倒海般不断袭来，因为只有经历过陪孩子写作业的父母，才能真切体会到个中滋味。比如，抱怨熊孩子不仅是吃什么都不剩，学什么也是不行；在写作业的过程中，孩子通常会 N 次跑厕所、数次找水喝、数不清的执笔发呆，才能在磨磨蹭蹭中把作业写完。

网上有段子说：辅导得好，母慈子孝；辅导不好，医院挂号。辅导孩子写作业的世界，就是这么有趣。

的确，目睹孩子学习的过程就是悲喜交加，痛苦与幸福同步。毕竟大家都是第一次为人父母，在辅导孩子学习这件事上，需要不断修炼心气。

女儿刚入学那段时间，正经历作业辅导磨合期的我，常常被她气得差点儿晕过去。比如，一道题反复讲几遍、十几遍依旧不会，做作业时整张脸贴到本子上，写两个字玩笔 5 分钟，无数次的发呆、喝水、上厕所，都让我气到咬牙切齿。

每次老公在家辅导孩子学习时，基本上我们都要吵架。老公吐槽我没有耐心，不懂方法，逼着孩子学习，还整天大呼小叫的；我埋怨他，自己需要给力助手时抓不到他的身影，一露面只会帮倒忙，给我添堵。结果，一次老公说，只要以后他在家就给孩子辅导作业，却不承想被现实狠狠地打脸——上岗辅导第一晚，他就差点儿气得用凳子把自己的脚给砸了。

当然，于我来说，还有一种崩溃叫"孩子的数学成绩差"。

作家吴东方说：没有深夜痛哭过的人，不足以谈人生。有段时间，为了提分，我也是拼尽全力，不仅双休日跟女儿一起上辅导班，平时也大多在辅导数学。可每次考试，女儿还是丢三落四，一时间，我找不到问题到底是出在哪里……

没看到成绩单时，我们生活照旧，而成绩单的出现就像一颗原子弹，炸出憋在我心里的那份幽怨。有时候，我会在狠狠骂孩子一顿之后，再狠抽自己两个耳光；有时候，我心里的憋屈得不到释放，一个人在深夜里撕心裂肺地哭。结果，我的心智不冷静，反而让孩子对自己失去了信心。

一次，女儿拿着试卷蹲在我面前，一边大声哭，一边说着"对不起"，让我对自己的行为后悔不已。本该是让女儿享受童真烂漫的年龄，却因妈妈的急于求成让她在高压状态下成长。

那一刻，我抱起痛哭的女儿就像抱着小时候的自己——上帝为每只笨鸟都配备了一根矮树枝，只要我不灰心、不气馁，一定能静待孩子停落在属于自己的安全地带。

后来，我慢慢调整自己的心态，女儿认真努力学习后，会及时给她一个爱的回应：可能是一个温暖的抱抱，一顿丰盛的晚餐，或者一次愉快的出游。

因为不断接受来自妈妈的认可，女儿慢慢卸掉了心理枷锁，不断用更好的学习成果来回报我。

其实，做家长最失败的地方，就是既讨厌自己变成父母曾经"摆布"的样子，又怕孩子不理解自己的良苦用心而走错路。父母和孩子就像一场时间的轮回，真的要等孩子为人父母后才会明白这场爱是多么无奈。

有人笑称：比还几十年房贷更艰辛的是辅导孩子写作业。其实，说来说去，很多家长容易心急，出现负面情绪，就是因为过多地植入了自己过往的经验，不外乎有如下三个原因。

1. 以自己为标准。

在大人看来，孩子的作业很简单。殊不知，我们已步入中年，所有的思维和行为都游刃有余，但孩子尚在发育中。因此，我们要学会接受孩子的不完美，让他独立自主地健康成长。

2. 心气急躁。

父母辅导孩子学习特别容易急躁，大多是因为太关注孩子，看到孩子犯一点点错误就控制不住情绪，或者因本身情绪不好而借题发挥。父母应理性地辅导孩子学习，多点儿耐心和信心，而不是一味地将自己的期望强加在孩子身上。

3. 对未来有焦虑。

每个家长都希望孩子少走一些弯路，但学习是细水长流的过程，对孩子的未来过度担忧就等于诅咒。我们带他来到这个世上，一定不是让他跟着我们过鸡飞狗跳的日子，而是体验世间的美好。

不得不说，辅导孩子学习的日子里，有时觉得是苦度春秋，日如长岁；有时觉得如白驹过隙，太过匆匆。但辅导作业这件看似让家长烦透的事，却是孩子和父母少有的亲密时光。

此时，我不禁想起龙应台的那句话：所谓父母子女一场，只不过意味着你和孩子的缘分就是，今生今世不断目送他的背影渐行渐远。

也许几年后，我们会看着孩子房间里熄灭的台灯，怀念那小小的背影；看到别人家的父母挑灯辅导孩子写作业的身影，内心失落，眼里放光。

珍惜眼前辅导孩子学习的时光吧，因为同是接受九年义务教育，可能有些题，我们很快就辅导不了了。

后 记

完稿的那一刻，我终于深深地吸了一口气。

不清楚这本书会带来什么反响，因为读者的视角不同，理解自然会有偏差。为此，写每篇文章时我都会仔细斟酌，试图考虑得更周全，以免带来歧义，但仍会有不周之处。因此，期待大家抱着参考的目的去读，毕竟 100 个孩子就有 100 种教育方式。

在盛行"快餐阅读"的时代，难得有人沉下心来读一本书。为此，我本能地想让这本书的故事性和趣味性更强一些，给读者带来更轻松的感受。

自女儿降生，亲自孕育这一小生命的奇妙生长，我常情动于衷，其间还以文字记录孩子的成长，一路不能停歇，既有对女儿成长之路的理解，又有对自己教育方式的反思。

很多朋友说，在我所有的文字中，关于亲子的那部分是她们最喜欢读的。

我时常觉得，自从有了孩子，感觉整个人都在慢慢变好，并使心中涌现的灵感在字里行间得以体现。如果没有孩子，恐怕对生命和爱的理解不会如此细微；此前身上的犀利、格格不入的棱角，也在养娃的岁月中变得温润。这正是孩子的功劳。

古希腊太阳神庙上镌刻着这样一句话：认识你自己。

这句话使我豁然开悟，是女儿带来了我的一切。无论是生活的养育还是学习的辅导，在陪伴成长中，我的喜悦、焦虑、暴躁等都在朝夕相处中越发清晰。可以说，被塑造的孩子正是自己的镜像。

很多辅导孩子作业的夜晚，在我心力交瘁、情绪失控地向孩子发飙后，也看到了自己的童年，就不想让孩子再继承我身上的那些幽暗。

身为新生代的父母，都自我感觉良好，并认为自己非常独特。我们既受过完整的教育，育儿思维相对理性，同时也"承前启后"，身上依旧遗留有传统的育儿理念，像背着包袱一样负重前行。但我们可以不断地战胜自己、超越自己。育儿如粲然老师所言，是骑鲸之旅。

孩子有他生理的生命，也有他心理的生命。想让孩子健康成长，家教方法必须是灵活的。此时，想必有家长会说："你的方法我用过，根本就不灵！"

"不灵就对了！"我大声说，这说明孩子在成长。但方法不灵不等于不能用，可以试着变通，一样有效。爱孩子要用对力，只有以孩子为出发点，摆脱惯性思维，才能让固定方法变出更多套路被孩子所接受。

写到这里，我感觉仍有很多话要说，毕竟孩子每天都会给我灵感，启迪智慧，让我深深感动和震撼。

也许，不久的将来，我会再次产生写作的冲动，希望能够继续得到各位读者的关注。